Nicola Sementovsky-Kurilo

ASTROLOGIA
E
PSICOLOGIA

Traduzione dal tedesco di Enzo Barillà e Lioba Kirfel-Barillà
Editing e cura dell'edizione italiana di Enzo Barillà

Titolo originale dell'opera:
ASTROLOGIE UND PSYCHOLOGIE, 1960

ASTROLOGIA E PSICOLOGIA
Possibilità e limiti dell'interpretazione oroscopica
Nicola Sementovsky-Kurilo
(traduzione dal tedesco di Enzo Barillà e Lioba Kirfel-Barillà)

NICOLA SEMENTOVSKY-KURILO

INTRODUZIONE

Il posto dell'uomo nella creazione, se raffrontato a quello nell'epoca dello sviluppo pretecnologico, appare così profondamente cambiato, a causa di un'avanzata meccanizzazione di tutte le forme di vita (meccanizzazione che ci ha permesso, fra l'altro, la scoperta materiale degli infiniti spazi celesti), che ogni tentativo di considerare il proprio rapporto col cosmo in modo diverso da quel punto di vista che vuole ambiziosamente svelare i segreti del mondo con i mezzi della scienza e della tecnica, viene aprioristicamente scartato come anacronistica stupidaggine. D'altra parte non è per nulla sorprendente che i contemporanei, accecati dal metallico splendore delle lune artificiali, rifiutino di pensare ad un'immagine del mondo in cui, malgrado gli sconvolgenti progressi della tecnica, il rapporto fra uomo e cosmo non appare per nulla diverso da quello di migliaia di anni fa.

L'accettazione acritica di nuove conoscenze che rinnovano e svalutano tutto ciò che si è finora pensato o acquisito non è di per sé, nella storia dello spirito umano, alcunché di nuovo. Questo atteggiamento trova espressione in quella sacrilega profanazione del soprannaturale che già spinse i pagani a gettare gli dèi, da loro lungamente adorati, nei torbidi flutti dei fiumi. Anche noi viviamo in un'epoca di detronizzazione del divino e la costante trasformazione dell'eternità deve, dal punto di vista del pensiero moderno, diventare necessariamente un procedimento razionalmente comprensibile.

Accanto all'influsso determinante della scienza e della tecnica sull'odierna impostazione spirituale, ed in un certo senso a suo dispetto, si fa notare la tendenza del distacco da forme e norme di pensiero astratte. Nella misura in cui film, televisione e riviste di grande tiratura, stracolme di ogni tipo di fotografia, possono considerarsi le prime avvisaglie di un cambiamento interiore, ci troviamo all'inizio di una rivoluzione spirituale che prepara il ritorno del pensiero in immagini.

Quindi proprio con questa reazione si può spiegare la forza d'attrazione che l'astrologia esercita oggi. Da una parte è simile ad una muta protesta contro la paralizzante sopravvalutazione del pensiero astratto; dall'altra annuncia il ritorno di forme immaginarie trascurate e nuovamente da risvegliare. Resta da vedere se in questo sviluppo è da ravvisarsi la prima alba di un nuovo romanticismo. La probabile trasformazione della tecnica verso una radicale semplificazione dei suoi mezzi e procedimenti, che sembra verificarsi dopo le ultime scoperte dell'astrofisica e della ricerca nucleare, potrebbe indicare in questa direzione. La riduzione in forma minima degli ingranaggi della meccanica dovrebbe infatti frenare il processo della massificazione delle grandi imprese industriali e, al suo posto, promuovere la formazione di forme associative radicalmente diverse. Anche se questa prospettiva è soltanto una fantastica ma non realizzabile immagine del futuro, non c'è comunque ancora alcun motivo, appellandosi alle leggi scientifiche attualmente in vigore, di condannare completamente l'attuale interesse verso l'astrologia a causa della sua "romantica lontananza dalla realtà", come un risveglio di una superstizione da lungo tempo superata oppure come una esaltazione malata. Un rifiuto dell'astrologia fondato su tali formulazioni, che si pretendono sufficienti, è tanto poco giustificato in quanto il suo ingresso nel mondo del pensiero moderno si svolge con sempre più sicure e convincenti argomentazioni; e inoltre viene favorito dal profondo pessimismo dei contemporanei (quale risulta dal sempre più vario utilitarismo della scienza e della tecnica) che, secondo la legge dell'ambivalenza psichica (certamente soltanto sotto l'influsso di stimoli artificiali) si capovolge in un ottimismo smisurato.

Il futuro, sia del singolo che della collettività, appare insicuro, scuro e pieno di pericoli, e perciò sorgono facilmente nelle anime infiacchite ironici complessi di ansia. Così, nello stesso tempo, ogni credo per forza di cose trova credito, nutrendo così nuove speranze. Con questo dato di fatto psichico si spiega d'altronde il successo degli usurpatori dell'astrologia e l'enorme popolarità delle irresponsabili previsioni di cui brulicano i periodici sotto il nome dei cosiddetti oroscopi del giorno e della settimana. Questo abuso dell'astrologia offre ai suoi avversari e critici, provenienti dalle scienze esatte, una benvenuta occasione per comprensibili attacchi; d'altronde non si può ignorare il fatto che tali abusi esistevano in tutti i tempi. Esattamente come oggi, imperversavano nell'antichità e nel medioevo volgari *dresseurs d'horoscopes*. Perciò è più che sbagliato considerare tali eccessi come prove convincenti dell'assurdità dell'astrologia. In verità si tratta di un fenomeno simile a quello della ciarlataneria medica, però con la notevole differenza che, al contrario dei veri medici, gli autentici astrologhi non godono da parte dello Stato di alcuna protezione per quel che attiene la loro qualifica scientifica e professionale. D'altra parte lo sfruttamento professionale dell'oroscopia pratica può essere svolto in forza delle elementari conoscenze delle regole di base dell'astrologia, il che, di nuovo, porta più facilmente al loro abuso.

In tali circostanze non può essere purtroppo evitato (a coloro che – impiegando tutte le capacità della loro personalità spirituale – oggi si dedicano con fede all'astrologia) di essere ancora messi sullo stesso livello dei ciarlatani di professione i quali si prendono indegnamente gioco della cieca fiducia ed ignoranza delle loro vittime. Ciò in quanto essi le cullano in uno stato di fatalistica attesa con previsioni più o meno colorate di rosa di pretesi prossimi eventi; i creduloni vengono quasi sempre strappati da questo stato da un'amara delusione, per essere richiamati alla realtà che è ben spesso tutt'altro che piena di speranze.

Una seria ricerca astrologica non ha invece assolutamente nulla a che fare con le previsioni del futuro intese come esperienze infallibilmente predeterminate, perché la ricerca astrologica non è per nulla rimasta ferma alle sue origini divinatorie. Alla stregua di ogni altra disciplina spirituale o scientifica, essa si è sviluppata nel corso dei secoli, sviluppo che lasciò inalterato le sue fondamentali forme di pensiero e di conoscenza, arricchendo però i suoi metodi con nuovi criteri e perciò ampliando notevolmente le sue possibilità di azione pratica. L'odierno consolidamento psicologico dell'antica arte di interpretare le stelle appare soprattutto come evento epocale in questo sviluppo. Se l'astrologia dovesse avere la fortuna di essere alla fine riabilitata, malgrado tutte le resistenze, come una disciplina valida alla stregua di altri procedimenti di conoscenza, allora dovrebbe ringraziare, in prima linea ed in misura decisiva, la moderna psicologia.

Per quel che riguarda i custodi e i sostenitori del patrimonio di pensiero astrologico, per essi non sussiste oggi alcun dubbio, basandosi sugli ultimi risultati della pratica cosmopsicologica, che l'astrologia – malgrado tutte le calunnie ed ostilità – prima o poi dovrà conquistare una indubbia e netta vittoria. Nello stesso tempo essi sono consapevoli della necessità di dare al mondo scientifico e al pubblico colto – tramite un lavoro di instancabile delucidazione – una visione più ampia, cosicché l'astrologia pratica (cioè il chiarimento del carattere e della vita di una persona in base al tema di natività) si presenta ora come un moderno metodo di ricerca psicologica in nulla inferiore alla psicanalisi, alla psicotecnica, alla psicologia del profondo ed altre discipline similari. Anche il presente tentativo di considerare l'astrologia – trasformatasi nel corso del suo secolare sviluppo – come una moderna psicologia, vuole contribuire al suo riconoscimento spirituale e scientifico e

8

preparare il terreno per capire che soltanto il suo ritorno nelle aule universitarie, la catalogazione sistematica e l'elaborazione dell'intero materiale sin qui raccolto potrebbe garantire il divieto dell'esercizio del loro mestiere agli irresponsabili ciarlatani, che non solo disonorano l'astrologia ma disturbano anche la pace delle anime.

Nicola Sementovsky-Kurilo

Che cos'è l'astrologia? Davvero solo un'esaltazione romantica oppure magari solo l'avanzo intristito di fedi da lungo superate? E' plausibile che molte migliaia di uomini e donne e, fra questi, scrittori, medici, ecclesiastici, insegnanti e numerosi rappresentanti delle scienze esatte, biologi, astronomi, matematici e così via – che accanto ad esatte conoscenze specialistiche possiedono una vasta cultura – si abbandonino ciecamente ad un'illusione, corrano dietro ad un fantasma senza sangue né corpo? Cecità e fanatismo possono avere una tale forza su persone ragionevoli, al punto da perdere completamente ogni capacità di autocritica, ogni facoltà di discriminazione tra cose degne ed indegne di fede e smarrirsi privi di sensi in un labirinto di chimere?

A partire dalla seconda guerra mondiale l'interesse verso "l'antica saggezza delle Stelle" è cresciuto di anno in anno. Sono apparsi libri di astrologia seri e meno seri in tutte le lingue. L'attrattiva dell'argomento astrologico sta non in ultimo nel fatto che, fino ad un certo grado, è facilmente comprensibile oppure dà l'impressione di essere facilmente comprensibile, perché viene presentato al pubblico in una seducente semplificazione. I curiosi e gli avidi di sapere valutano l'astrologia sulla base delle indicazioni che trasmettono loro i manuali più comuni. Anche la maggior parte dei cosiddetti astrologi di professione si limita a trarre la propria saggezza da questi manuali. Questo appiattimento della materia astrologica è uno dei motivi della sua inarrestabile diffusione, però spiega nel contempo l'aumentata sfiducia e la crescente resistenza del mondo scientifico. Così oggi l'astrologia, come in ogni altra epoca, viene presa dai suoi acritici seguaci come l'unico vero insegnamento dell'uomo e del destino umano, mentre gli avversari la condannano come stupidaggine. Comunque sia, tanto quelli che ne abusano senza riguardo come mezzo per sedicenti sicure previsioni del futuro quanto coloro che categoricamente la rigettano come sciocchezza, restano completamente ignoranti e privi di comprensione di fronte alla sua vera natura e valore. Per occuparsi seriamente di astrologia e da questa trarne conoscenze che possono essere veramente utili per la vita, è necessaria una cultura ed esperienze che sono fuori della portata del lettore medio di libri astrologici. Le cose non stanno molto meglio nella maggior parte degli pseudoastrologi, che ne usano malamente. A prescindere dal fatto che spesso si nota la mancanza di una necessaria cultura ed esperienza, sia all'uno che all'altro manca soprattutto l'impostazione spirituale di base nei confronti dei grandi problemi della vita, che lo studio sistematico della disciplina astrologica pone ad ognuno che si inoltra in questo campo. Su questo dato di fatto si basa il malinteso per cui l'astrologia, oggi come in ogni altra epoca, diventa la vittima di irresponsabili ciarlatani e nello stesso tempo un bersaglio per infondate ostilità.

Ambedue le impostazioni sono egualmente devianti e nocive; devianti perché tutte e due svelano la mancanza di un'oggettiva capacità di valutazione, nocive perché da un lato viene spalancata la porta ad un non impedito abuso dell'astrologia e dall'altro la valutazione razionale, l'approfondimento ed ampliamento delle sue conoscenze si scontra con insuperabili difficoltà. E tuttavia, così come stanno oggi le cose, l'astrologia avrebbe senza dubbio il diritto di avanzare la pretesa di farsi considerare alla pari di numerose altre metodologie di conoscenza. Con questo non si vuole assolutamente dire che essa oggi debba essere considerata come un infallibile mezzo per la conoscenza di se stessi o per la conoscenza dell'uomo in generale. Essa ha piuttosto raggiunto nel suo sviluppo uno stato che costringe a prendere posizione in modo oggettivo.

L'inimicizia, ora non più tanto amara, che a suo tempo ha incontrato da parte della religione (e con cui deve ancora fare i conti, provenendo oggi in maggior misura da parte della scienza), risale a varie origini e presenta un altrettanto variopinto elenco di capi d'accusa. Gli avversari dell'astrologia provenienti dal campo cristiano partono fra l'altro dall'errato presupposto che essa abbia un carattere deterministico, credendo nell'inevitabilità del corso del destino e quindi che l'astrologia rinneghi il libero arbitrio. Questa obiezione, che per secoli ha messo in un'equivoca luce i rapporti fra religione e astrologia, è stata nel frattempo man mano invalidata grazie al contenuto particolarmente valoroso soprattutto della moderna teologia morale (1).

Molto meno chiaro si presenta il punto di vista della scienza ufficiale nei confronti dell'astrologia. Molti aprioristici attacchi e rifiuti sono da attribuire all'insufficiente conoscenza del patrimonio spirituale astrologico. Quel che oggi appare nell'ambito della ricerca astrologica come somma di fondamentali strumenti di conoscenza, unanimemente riconosciuta da tutti i suoi rappresentanti, sicuramente non ha un'origine scientifica nel senso comune della parola, ma è difficilmente ignorabile come dato di fatto complesso ed oggettivo; tant'è vero che la verità più o meno assiomatica dell'astrologia è stata nel frattempo sottoposta ad un esame sistematico.

La vera polemica contro l'"abuso dell'astrologia" risale al XV secolo, cioè l'epoca in cui più si affermarono le scienze naturali. In seguito ai primi attacchi da parte del campo scientifico, gli astrologhi si videro costretti ad adattare i loro metodi di ricerca alle esigenze della nuova era. Essi cominciarono a ricorrere sempre più spesso alle ipotesi e conoscenze dell'astronomia, visto che all'epoca fra quest'ultima e l'astrologia non si era ancora arrivati ad una frattura definitiva ed ambedue furono contemporaneamente insegnate nelle università tedesche ed italiane. La tendenza a portare i metodi delle ricerche astrologiche al livello delle scienze esatte condusse, come già successo nell'antichità, ad una smisurata sopravvalutazione dei fattori di calcolo. Ancora una volta compariva così il pericolo che l'astrologia degenerasse in un "gioco matematico". Con questo sviluppo era nello stesso tempo inevitabile che gli avversari dell'astrologia avanzassero con amara ironia agli astrologhi dell'epoca il rimprovero di abusare di concetti e formule scientifici, per fare sembrare più credibili le loro "irreali visioni". Questo rimprovero contro l'astrologia era giustificato, però in tutt'altro senso. La tendenza a collegare i simboli appartenenti all'indistruttibile patrimonio spirituale e sperimentale dell'astrologia a concetti astratti e renderli, per così dire, più convincenti tramite esatti calcoli matematici, significava in verità un completo disconoscimento della profonda e vera natura dell'astrologia. Considerare l'immaginario cosmologico come frutto di una fantasia superstiziosa significava infatti una totale mancanza di comprensione di ogni umanistica interpretazione della vita e del mondo. In questo modo gli astronomi e gli astrologi che si inebriavano di formule astratte contribuirono in pari misura a trasformare il patrimonio simbolico (che fino a quel momento aveva conservato quasi intatta la sua viva forza di persuasione) in certo qual modo in un museo di vuote allegorie, il che dovette condurre innegabilmente ad ulteriori valorizzazioni dell'astrologia agli occhi dei contemporanei.

La decadenza del pensiero simbolico, che cominciò alla fine del Rinascimento, fu completata nel diciassettesimo secolo. Nelle opere architettoniche e pittoriche del susseguente XVIII secolo, i motivi astrologici non furono, al contrario delle epoche precedenti, usati nemmeno più come puri ornamenti. Finalmente nel XIX secolo caddero completamente in oblio ed emersero tutt'al più di tanto in tanto in qualche dubbioso almanacco astrologico.

Tuttavia l'assimilazione dell'astrologia alle conoscenze e metodi delle scienze naturali, che avanzavano con successo, non portò mai, malgrado tutti gli eccessi e le deviazioni, ad una completa autonegazione; come da parte loro i concetti e criteri delle scienze non poterono mai disfare completamente la visione cosmologica del mondo. Perciò è del tutto errato sostenere – per citare soltanto un esempio – che il sistema copernicano avesse «con un sol colpo eliminato l'intera astrologia, una volta tanto stimata» (2).

Le scoperte di Copernico e, più avanti, di Keplero ebbero in prima linea ripercussioni psicologiche. Tali scoperte fecero sorgere dubbi in molti di quei contemporanei che si occupavano seriamente di studi astrologici; e precisamente non tanto sull'essenza ed il valore della dottrina astrologica come tale, bensì molto più sulla correttezza delle basi teoriche in vigore fino a quel momento e soprattutto sull'opportunità dei loro metodi di ricerca. Questi dubbi dovettero però dimostrarsi principalmente degli stimoli. Il mutamento delle concezioni astronomiche, infatti, non costrinse per nulla l'astrologia ad escludere la possibilità di postulare proprie leggi indipendenti da queste concezioni, e di proseguire le sue ricerche su sentieri già battuti. In ogni caso è per certo che nessuno degli astrologi dell'epoca si sentì all'improvviso definitivamente tagliato fuori, a causa delle teorie copernicane e successivamente kepleriane, dal novero delle persone intellettualmente indipendenti; certamente nessuno fu per così dire paralizzato nel suo impulso alla ricerca. Il fatto che il sistema eliocentrico di Copernico fosse subentrato al sistema geocentrico ideato da Tolomeo significò (non solo per l'astrologia) niente di più che uno spostamento dell'angolo visuale, un mutamento di prospettiva che non cambiò proprio niente della reale natura del rapporto uomo-cosmo. E che questo spostamento dell'angolo visuale scotesse altrettanto poco, in generale, la posizione dell'astrologia nel suo tempo e nella storia spirituale dell'umanità (come molte altre conoscenze che l'hanno preceduta e conquiste delle scienze naturali) risulta già solo dal fatto che Keplero, a cui viene infondatamente attribuito il preteso merito di avere condotto l'astrologia all'assurdo, in realtà fu lui stesso un astrologo appassionato, dedicandosi con entusiasmo all'oroscopìa pratica e niente affatto sotto la costrizione della misera situazione economica della famiglia, come altrettanto erroneamente viene sostenuto.

La rivoluzione copernicana non aveva neanche lontanamente scosso la posizione dell'astrologia nei confronti dello spirito del tempo, era anzi rimasta completamente senza effetto sullo stato d'animo della società di allora; al contrario, i veri e i falsi interpreti degli astri esercitavano un ruolo nella vita pubblica che difficilmente avrebbe potuto essere più decisivo nel XV e XVI secolo. Erano, queste, epoche fra le più agitate e gravide di conseguenze nella storia dell'occidente. A dire il vero si delineava già nello stesso tempo anche una pausa di raccoglimento, che si inserì poi fra la fine del XVI ed inizio del XVII secolo. Nel clima del mistico sguardo retrospettivo e della rivalorizzazione romantica del passato che contrassegnò questo periodo, la cosmologia tradizionale dovette di conseguenza riguadagnare le sue posizioni accanto alla "astrologia matematica" in quanto la prima traeva, per la sua inalterabile vitalità, il necessario nutrimento spirituale dall'interpretazione di innumerevoli serie di immagini simboliche collegate analogicamente. Questa astrologia fu poi rappresentata anche nel XVI e XVII secolo da una schiera di spiriti eletti e fu portata a una nuova fioritura. Di questi fece parte, accanto a Keplero, soprattutto Paracelso il quale, a seguito di rivoluzionamenti di concetti medici e fisiologici compiuti prima di lui, aprì la strada ad una diagnosi astrologica delle malattie. Come medico, Paracelso si rifiutò di erigere un muro fra fenomeni fisici e psichici. La sua diagnostica e la sua terapeutica si fondarono

16

piuttosto su quella concezione integrale del corpo e delle sue malattie, che fu insegnata da tutte le grandi scuole di medicina dell'antichità e che oggi è risalita a nuovi onori sotto forma della moderna medicina psicosomatica.

Considerando il ruolo di Keplero nella storia dell'astrologia non si deve perdere di vista il fatto che egli raggiunse la conoscenza delle sue leggi astronomiche tramite la sua concezione cosmologica e che perciò queste concezioni formano parte integrante della sua opera. Anche se le astrazioni geometriche si potevano applicare senza problemi ai fenomeni celesti per renderli più accessibili alla comprensione, non fu comunque la loro logica razionale a riempire Keplero di entusiasmo e a stimolarne l'immaginazione. L'antichissimo mondo immaginario dell'astrologia si vivificò nel suo pensiero, anche se in una forma condizionata dall'epoca.

Le idee astrologiche di base cominciarono a formarsi in quel buio del passato ancora sconosciuto, in cui l'uomo – in qualità di essere potenzialmente raziocinante – scorse per la prima volta la sua origine terrestre. Oggi possiamo ripercorrere questa esperienza con pretesa di ampia credibilità, tentando di immaginarci l'ambiente in cui vissero i nostri antenati. Dapprima essi devono avere contemplato con meravigliata incomprensione le impenetrabili lontananze delle tenebre illuminate dalle stelle, col vago presentimento che esse dovevano contenere infiniti enigmi. Nello stesso tempo avranno avuto la sensazione – e ciò in apparente contrasto con quanto detto dianzi – di essere collegati in qualche modo incomprensibile con queste lontananze. Così si manifestarono i primi inizi di un'interpretazione della vita in senso religioso, che collocò l'uomo nell'eternità dai mutevoli aspetti; d'altra parte non poteva sfuggirgli, malgrado la sua ingenuità psichica e spirituale, che l'immagine dell'eternità alla quale si trovò di fronte – ammirandola sopraffatto – era soggetta ad una perenne trasformazione, nei limiti della ristretta visione umana.

Il legame dell'uomo con l'eternità – nascosta negli spazi celesti disseminati di stelle – rimase certamente immutabile come tale, ma i segni di questa eternità (le immagini in movimento del cielo notturno) dovevano fargli notare gli eventi e le mutevoli condizioni della propria vita. L'esperienza del tempo è naturalmente collegata con questo esperimento originario: al giorno seguiva la notte, il sole sprofondava nel buio ed al suo posto la luna percorreva la sua traiettoria fra le stelle scintillanti nel firmamento spento, fino a quando questa immagine scompariva di nuovo ed il mondo si ritrovava nuovamente immerso nei raggi del sole... Il giorno e la notte, la primavera, l'estate, l'autunno e l'inverno, diventarono una pietra di paragone per la natura umana, per le azioni ed eventi della sua esistenza. Il giorno invitò al lavoro, la notte alle meditazioni; l'estate offrì all'occhio il piacere del variopinto abito della natura, l'inverno era povero di luce e di colori, la primavera stimolò l'allegria, l'autunno la malinconia. Non ci volle molto per arrivare, da queste primitive categorie di impressioni e sensazioni, a differenziazioni sempre più numerose e sottili. Anche gli stessi uomini mostravano caratteristiche che non tutti possedevano in pari misura. In quell'ambiente, non poteva trattarsi di una tipologia cosciente come la intendiamo oggi e forse neppure di un primo chiaro inizio di una tale tipologia; comunque le esperienze, anche più primitive, svelano già una varietà di caratteristiche e particolarità umane. Bastava già che un uomo sapesse manovrare un certo attrezzo con più perizia di un altro membro della tribù, oppure che qualcuno si dimostrasse più valente nella caccia e tornasse a casa con un bottino più ricco di molti altri suoi compagni, oppure che uno avesse figli mentre l'altro ne era privo etc. per far nascere un numero sempre più grande di immagini negli strati più profondi del primitivo inconscio umano. Alla fine ci fu per ogni esperienza una corrispondenza della quale la costellazione celeste, rimanendo immutabile pur in movimento, offrì un predominante paragone in forma di immagine, ed offrì inoltre una misura ed un punto di orientamento. Si formò così quel *firmamentum internum* che Paracelso considerò come il vero fondamento psichico dell'essere umano, mentre secondo l'opinione dominante della psicologia moderna ai dodici segni zodiacali corrispondono gli archetipi che formano gli elementi strutturali della psiche.

Lo sviluppo, prima della coscienza collettiva e poi di quella individuale, che ebbe luogo contemporaneamente all'ampliamento delle osservazioni, aveva sovrapposto alle dodici originarie immagini di impronta archetipica man mano sempre nuove e sempre ampliantisi analogie di rappresentazioni simili nel loro senso e nella loro essenza, così che l'uomo alla fine non fu più in grado di cogliere la totalità della realtà in una visione completa ed uniforme. E l'uomo moderno è del tutto simile ad un viandante che, in mezzo ad un terreno fitto di vegetazione, vede tanti alberi ma non il bosco. Anche se sembra che gli piaccia di forzare ogni pensiero in formule morte, tuttavia non ha mai smesso di riscoprire le cose della sua esistenza in quello specchio da cui gli si fa incontro l'immagine del suo cielo interiore. Anche se questo specchio è diventato, nel corso dei millenni – tramite le innumerevoli e sempre nuove esperienze dell'uomo – in un certo senso più raffinato nella sua capacità di percezione, pure oggi le espressioni più complicate dell'essenza, della volontà e delle azioni umane possono essere ricondotte alle immagini archetipiche del "cielo interiore". Per l'astrologia queste sono il punto di partenza di una lunga serie di analogie che, insieme, formano qualcosa di simile ad un indispensabile canovaccio da cui il cosmopsicologo ricama, in ogni tema natale, un sempre nuovo disegno della vita del singolo.

Non c'è dubbio che l'analogia astrologica risalga ad origini molto più antiche, ad esempio, del sinonimo linguistico; ma soprattutto la sua "capacità di associazione" è più duttile e più sensibile. Ogni rappresentazione analogica si incrocia e si sovrappone ad un'altra come un cerchio o un'ellisse per formare cerchi ed ellissi più grandi che a loro volta si collegano fra loro e si amplificano reciprocamente in un'unica immagine completa che corrisponde al concetto dell'*analogia entis*, cioè il tutto nel tutto.

I nostri antenati poterono probabilmente conoscere solo intuitivamente ciò che noi oggi percepiamo tramite il nostro pensiero, educato dalla filosofia e dalla scienza. La cintura zodiacale, che sembrava immota, intorno a cui i pianeti percorrevano il loro giro, il sole che in intervalli regolari cambiava la sua sede da una costellazione all'altra: per essi tutti questi segni celesti dovevano inevitabilmente diventare fattori di confronto per eventi terrestri. Anche loro sapevano che tutto si rispecchiava nel tutto e che il "sopra" si rispecchiava nel "sotto". Le esperienze umane che nel corso dei millenni furono, per così dire, proiettate nel cielo, diventarono parte integrante dell'inconscio collettivo; fu compito dei successivi astrologi il fissare ed il realizzare, con l'aiuto della rappresentazione schematica dell'oroscopo, l'immagine dell'anima alla corrispondente immagine astrale. Ciò perché ogni uomo porta dentro di sé il suo proprio cielo; era questo ciò che intendeva Paracelso col suo *firmamentum internum*. Proprio perché l'immagine astrale dell'anima corrisponde al cielo natale astrologico, cioè forma una "corrispondenza cosmica", la volontà di vivificare ed interpretare questa immagine – cioè proiettarla nella coscienza dell'uomo raziocinante – appare un processo psicologico che oggi trova sostegno nelle conoscenze della moderna psicologia del profondo.

Si pone però un'altra questione: se ed in che misura è possibile spingere l'uomo contemporaneo ad esprimere nuovamente le sue conoscenze ed esperienze in immagini ed analogie, essendosi da secoli abituato a pensare in formule ed astrazioni. Se ciò si potesse realizzare, nel più profondo della natura umana si ancorerebbero automaticamente, al posto di concetti freddi e sterili, idee in gran parte dimenticate, ed esse verrebbero nuovamente rivalutate. In questo senso si muovono le aspirazioni dei moderni cosmopsicologi. La semplice capacità di collegare idee e di scoprire un "rapporto analogico" fra certi fatti od oggetti non include però assolutamente la vera complessa capacità dell'astrologo. La più o meno grande efficacia del cosmopsicologo presuppone non per ultimo anche un atteggiamento spirituale dato da una corrispondente educazione e da uno sviluppo all'interno di un ambiente culturale e scientifico che si distingue profondamente dalla odierna tendenza dominante alla specializzazione.

La vera *forma mentis* dell'astrologia rimane riservata in modo perfetto soltanto a pochi uomini completi. Come esempio possiamo nominare Leonardo, Paracelso e Goethe. Con questi nomi non vogliamo confondere l'integrità spirituale della personalità con la loro genialità; quest'ultima appare piuttosto, nel contesto del nostro paragone, come l'espressione dell'universalità e soprattutto come l'espressione del vero umanesimo. Alla fin fine, ogniqualvolta il cosmopsicologo esprime senza pregiudizi un pensiero simbolico, dovrebbe accompagnare questo sforzo astrologico con la capacità di dare una forma artistica al progetto psicologico.

L'esperienza rende più acuta la prospettiva psicologica e rende altresì possibile, per mezzo di una sviluppata capacità di associazione, lo svolgimento della serie di analogie che risultano dagli originari elementi di interpretazione. Malgrado il fatto che già con la ristretta scelta delle solite interpretazioni, per esempio, dei dodici segni zodiacali risulti una raccolta di analogie di grandissima ampiezza e varietà, l'esperto consulente può spingersi verso immagini lontanissime che apparentemente non sono più in collegamento con la solita interpretazione degli elementi dell'oroscopo.

Sia a causa della teoria delle corrispondenze cosmiche sia anche a causa dell'applicazione del metodo statistico come prova delle deduzioni astrologiche, molte domande a cui per secoli non si trovò una risposta hanno perso di importanza: l'astrologia è una scienza o un'arte? E' una superstizione o il frutto di conoscenze che possono essere provate? È una disciplina dell'effetto degli influssi cosmici sulla vita umana oppure soltanto un'invenzione fantastica di spiriti poetici? E supponendo che dica qualcosa di vero sulle cose della vita, potrebbe forse trattarsi di una conoscenza intuitiva alimentata da fonti completamente diverse?

Per una ricerca che voglia scoprire i collegamenti fra astrologia e psicologia, cioè voglia chiarire se ed in quanto le deduzioni astrologiche possano essere utili per una psicologia individuale di carattere pratico, oggigiorno è privo di importanza determinare se queste siano frutto di un metodo severamente scientifico oppure se possano essere raggiunte con altre modalità di conoscenza. Ed è altrettanto irrilevante se l'applicazione di queste deduzioni, con lo scopo di una ricerca individual-psicologica, incontri l'approvazione, nei presupposti teorici, dell'uno o dell'altro insegnamento astrologico; cioè se l'accento vada posto più sull'ipotesi tradizionale, che parte dall'idea che da migliaia di anni esistono influssi astrali diretti sull'uomo, oppure sulla più recente teoria delle corrispondenze cosmiche.

La questione che conti, onde chiarire il collegamento fra astrologia e psicologia, rimane la domanda del grado di verità della realtà delle deduzioni astrologiche. A questa domanda si può oggigiorno rispondere, senza pregiudizi, in senso positivo; e questo non perché – per ribadirlo ancora una volta – si possa spiegare con l'aiuto di prove scientifiche irrefutabili la natura del collegamento tra cielo natale ed intero corso della vita, bensì perché non sussiste

22

alcun dubbio che gli elementi di interpretazione di un tema natale corrispondano al contenuto dell'esistenza individuale, che diventa soggetto di ricerca astrologica. E tutto ciò a prescindere dalla questione di quali siano i concetti teorici a base dell'astrologia e di quali eventi si possano nascondere dietro l'enigmatico linguaggio dei segni zodiacali e dei pianeti, che noi fissiamo attraverso la rappresentazione grafica del tema natale, od oroscopo.

È però altrettanto vero che, per poter presentare in modo convincente e comunemente comprensibile questo fatto (cioè la corrispondenza fra elementi dell'oroscopo e corso della vita – vedasi paragrafo precedente – N.d.T.) – di cui nessun astrologo esperto oggi dubita ma che deve sembrare al non esperto come un sofisma – si deve innanzitutto chiarire che cosa possa essere considerata una vera esperienza astrologica, su cui codesto fatto si basa.

L'oroscopo o tema natale rispecchia, nella sua rappresentazione schematica, l'immagine del cielo in un certo luogo, all'atto della nascita. La posizione del segno zodiacale e dei pianeti nei diversi gradi dell'eclittica, che appaiono in una certa disposizione in questo schema a seconda dell'ora e del luogo di nascita, sono indizi del carattere e del temperamento, delle innate capacità e doti intellettuali come anche delle circostanze della vita ed eventi del destino nel cui quadro detti indizi si devono realizzare o devono prendere forma. Il tema natale si riferisce dunque all'uomo quale unità di fattori biologici, fisiologici e psicologici compresa la massa ereditaria animica-spirituale-corporea, fattori che sono tutti insieme soggetti a trasformazione attraverso l'ambiente sociale e che si affermano nel corso dell'esistenza allo stesso tempo in accordo od anche in contrasto con le caratteristiche di questo ambiente.

L'analisi astrologica sulla scorta del tema natale è nella sua prima fase, cioè fino a che si tratta di costruire lo schema dell'oroscopo con tutti i suoi elementi, una specie di lavoro di precisione. Nella sua seconda fase – cioè nell'interpretazione dei singoli elementi dell'oroscopo per scoprire la loro corrispondenza per quel che riguarda il 1carattere, le capacità e le circostanze della vita come anche nel riassumere i fatti così rilevati per disegnare un profilo psicologico – rappresenta un processo puramente creativo. Questo vale sia per una presentazione scritta dei risultati dell'analisi sia per la consulenza orale che ultimamente viene preferita da molti astrologi pratici. Quest'ultima rende possibile il contatto personale del cosmopsicologo con l'oggetto della sua analisi e porta a risultati più profondi e sotto ogni aspetto più utili di uno studio scritto, forma questa un tempo più diffusa.

Le possibili conclusioni di un'analisi cosmopsicologica sono in larga misura simili ad una diagnosi clinica. Il medico che vede un paziente per la prima volta usa chiedergli in dettaglio i vari avvenimenti della sua vita: precedenti malattie, predisposizioni ereditarie, ambiente, professione, condizioni familiari, etc.. Similmente si deve comportare anche il cosmopsicologo quando elabora il tema natale. Egli riesce a compiere un lavoro la cui validità è in relazione alla quantità di informazioni raccolte dalla persona in questione, esattamente come farebbe un medico. A persone colpite da pesanti infermità fisiche oppure da malattie non facilmente individuabili corrispondono nella pratica astrologica individui problematici, bloccati, turbati, che anche nella vita devono lottare contro grandi difficoltà interiori ed esteriori. A casi di malattie più comuni e più facilmente diagnosticabili corrispondono invece, nell'analisi cosmopsicologica, temi natali non complicati e facilmente interpretabili in tutti i loro elementi.

Le risposte date dalla persona da analizzare alle domande dell'astrologo facilitano il compito di quest'ultimo, aiutandolo a pervenire a conclusioni più precise. Il tema natale diventa di massimo valore per il richiedente, soprattutto in quegli elementi a lui ignoti che trovano una corrispondenza di fatto nell'ambito della sua vita e che emergono alla luce e perciò divengono coscienti soltanto durante il consulto. Ciò vale in prima linea per le origini ancora nascoste di corrosivi conflitti, la cui soluzione viene per lo più favorita dall'aiuto illuminante del cosmopsicologo. Lo stesso vale anche per altri gravi problemi della vita il cui soddisfacente chiarimento è il vero e più importante compito della pratica cosmopsicologica. Nello stesso modo in cui un artista plastico tenta di risolvere i problemi di spazio e di prospettiva, del gioco di luce ed ombra, per potere constatare con soddisfazione, dopo avere compiuto l'opera, di avere composto elementi contrastanti in un armonico tutt'uno, così il cosmopsicologo alla fine della sua fatica deve essere sicuro di avere illuminato tutte le parti della vita del consultante, di avere approfondito tutti i problemi, di avere valutato tutti gli elementi favorevoli e sfavorevoli e soprattutto di avere ricondotto alla loro vera dimensione tutti i contrasti inizialmente incomprensibili per poter consigliare al paziente, sulla scorta dei dati così ottenuti, regole di comportamento che potrebbero essere adatte al ristabilimento dell'equilibrio psichico. Proprio a questo riguardo l'astrologo degno di questo nome si distingue da uno pseudo astrologo, come un vero pianista si distingue da un dilettante.

Sotto questo punto di vista, ogni analisi astrologica – cioè il risultato che riassume l'esauriente consultazione cosmopsicologica – appare come frutto di un'opera creativa; però i veri elementi e presupposti, cioè la "materia prima" da cui viene formata l' "opera d'arte", sono radicati in un contesto ricercato scientificamente, nel cosiddetto *factum* astrologico, come lo definisce Paul Choisnard, che come tale si basa su calcoli statistici comparati e che è soggetto alla *legge del calcolo delle probabilità*. In virtù di questa legge, un determinato elemento dell'oroscopo che normalmente è sotteso ad una ben precisa interpretazione – per quel che concerne un tratto caratteriale, una disposizione psichica, un evento o un dato di fatto

– può trovare, nell'ambito della vita da analizzare a cui si riferisce il tema natale, una corrispondenza molto vaga o addirittura nessuna corrispondenza. Tali casi possono facilmente far sorgere il dubbio se l'odierno linguaggio interpretativo dell'astrologia non abbia, al momento, enormi carenze; cioè se il suo alfabeto oggi sia veramente completo. Questo dubbio è giustificato in misura molto ridotta. Accanto alle comuni corrispondenze rilevate statisticamente con l'uno o l'altro elemento oroscopico, bisogna a volte considerare altre indicazioni di un tema natale, come pure corrispondenze più rare che in un primo momento furono ignorate in analisi statistiche comparate, in quanto più o meno lontane dalla maggioranza delle più frequenti analogie.

Anche se il grado di verità degli indizi astrologici, come appaiono in un tema natale, e delle deduzioni che ne risultano (cioè le interpretazioni di questi indizi) è stato negli ultimi decenni accertato in un numero di casi per mezzo di un sistematico metodo comparativo, la statistica basatasi su questa esperienza ha tuttavia potuto logicamente abbracciare soltanto la minima parte dei risultati così raggiunti. Ciò non toglie comunque nulla al suo valore. In considerazione delle statistiche relativamente limitate, dal punto di vista quantitativo, si può al massimo constatare che esse sono rimaste per forza di cose opera di singoli ricercatori i quali inoltre avevano solo pochissime occasioni di scambiarsi i reciproci risultati, tramite le loro pubblicazioni. Questa è certamente una mancanza che potrà essere eliminata soltanto quando nelle università finalmente nasceranno dipartimenti specializzati in tali metodi comparati ed in tali analisi statistiche.

La questione del grado di verità dell'astrologia corrisponde alla questione del modo in cui i singoli elementi di interpretazione del tema natale possono essere riassunti in un'unica immagine verosimile di una persona e del suo destino, senza lasciare eccessivo spazio alla fantasia. Si tratta in altre parole di chiarire se e quanto un indovinare intuitivo partecipa all'interpretazione del tema natale il che, naturalmente, può portare a giudizi errati e false conclusioni. Tali dubbi appaiono per forza di cose nel momento in cui l'astrologia viene considerata "divinazione", per cui qualsiasi oggetto può essere usato come medium. I dubbi in discorso fanno perciò parte dell'arsenale di cui si servono ben volentieri gli avversari dell'astrologia sostenendo che il tema natale non può avere funzione diversa dai fondi di caffè, dalla sfera di cristallo o dalle carte. Equiparare l'astrologia alla stesa delle carte od alla chiaroveggenza deve portare logicamente alla negazione di ogni vero rapporto tra la situazione del cielo al momento della nascita ed i tratti caratteriali ed eventi della vita di un determinato singolo individuo. Considerata così la questione, non può esistere alcun oggettivo grado di verità dell'astrologia.

Critiche di questo genere appaiono tanto più convincenti in quanto l'interpretazione del tema natale, di fatto, non è un procedimento meccanico. Ad ogni segno zodiacale, ad ogni pianeta, ad ogni altro indizio astrologico, che appartengono alle tradizionali categorie di elementi astrologici, corrisponde una determinata interpretazione nota a tutti gli esperti di astrologia; però questa interpretazione di base di ogni singola indicazione diventa significativa soltanto nel collegamento con tutte le altre indicazioni che un tema natale può offrire. E da questo collegamento risulta nuovamente, in ogni singolo caso, la necessità di prendere in considerazione, con la valutazione dei vari elementi dell'oroscopo, le sue particolari sfumature. Queste sono in verità gradi di colore e gradi di potenza. L'immagine di un evento, di uno stato o di un processo si presenta davanti agli occhi del cosmopsicologo con convincente vivacità soltanto se questi analizza e valuta tali sfumature limitandole oppure collegandole l'una con l'altra. Vedere ed interpretare in modo adeguato le singole interpretazioni del tema natale nella loro sottigliezza è un'arte psicologica che senz'altro presuppone, accanto ad un coltivato talento al collegamento delle idee, una buona parte di raffinata intuizione. Ma questo non significa affatto lasciare correre la fantasia e abbandonarsi ad illusioni incontrollabili. Lo stato di cose che l'astrologo deduce da un tema natale – dobbiamo espressamente ribadirlo ancora una volta – differisce appena da quello trovato da un medico che visita un malato e deve fare una diagnosi. Solo che il medico in primo luogo deve occuparsi di situazioni fisiche e delle loro possibili implicazioni patologiche, mentre l'astrologo intravede nello schema oroscopico il ritratto completo dell'uomo e delle sue possibilità di vita. Il medico constata sintomi e li definisce secondo la loro natura sulla base di conoscenze teoriche ed esperienze personali. Ma la sua diagnosi si rivela plausibile se si dimostra capace di rintracciare le particolari sfumature individuali di questi sintomi e di riconoscere la malattia nella sua unicità, il che è un procedimento puramente intuitivo. Allo stesso modo in cui tutti i medici riconoscono lo sbocco di sangue come sintomo di una malattia dei polmoni, la cui origine deve essere rintracciata soltanto in rapporto ad altri sintomi e tramite il loro sistematico chiarimento, così ogni astrologo sa che, per es., Marte in Scorpione in sesta casa concede tre interpretazioni di base. Sul piano sociale, conflitti con i sottoposti, sul piano fisio-psicologico una grande capacità di lavoro, sul piano puramente fisico, ferite di ogni genere con attrezzi o tramite animali, come anche interventi chirurgici al basso ventre. Il fatto che ogni elemento dell'oroscopo si può riferire a diversi piani della vita dimostra che l'astrologia si muove, con il suo procedimento interpretativo, in uno spazio molto più ampio della medicina, le cui diagnosi rimangono limitate a stati psichici e fisici dell'uomo.

L'astrologo non ha bisogno di particolari doti intuitive per la ricerca delle deduzioni di base, contenute in ogni manuale sufficientemente serio di oroscopia pratica. Tali doti sono però indispensabili dal momento in cui le varie interpretazioni debbono essere riassunte in un tutt'uno vivente; cioè è importante non solo tracciare, sulla base degli elementi dell'oroscopo, un profilo psicologico convincente bensì anche illuminare tutte le possibilità riservate dal processo evolutivo della vita alle doti spirituali e particolari capacità dell'individuo in questione.

Già formulando in linea generale ciò che dal punto di vista astrologico appare come struttura e ambito di realizzazione dell'esistenza umana, emerge la domanda che viene rivolta ad ogni astrologo non appena tenta di spiegare al non esperto la natura dell'astrologia. Quindi – per lo più si dice – tutto è predeterminato e non c'è più spazio per il libero arbitrio? Anche se è un'opinione largamente diffusa che l'astrologia neghi il libero arbitrio, tale opinione si basa su di un errore. La moderna concezione astrologica sulla funzione del libero arbitrio si potrebbe perifrasare in questo modo scherzoso: quando l'uomo nasce, è simile ad un cuoco che ha il compito di preparare una pietanza complicata. Sul tavolo di cucina trova tutti gli ingredienti a ciò necessari. Di ciascuno di questi ingredienti gli viene data una certa quantità e qualità. La pietanza però può essere preparata a proprio piacimento. Sta a lui elaborare gli ingredienti meno buoni in modo tale da farli sentire appena o in modo da farli perfino diventare gustosi. Tuttavia deve rinunciare ad utilizzare qualsivoglia ingrediente che non ha trovato sul tavolo di cucina. Nel caso in cui egli non badi con precisione alle quantità esistenti degli ingredienti oppure non valuti adeguatamente la loro qualità, allora preparerà male la pietanza oppure la guasterà del tutto.

Si può dire in altre parole che l'uomo riceve con la nascita ciò di cui ha bisogno per formare la sua vita a seconda dell'immagine celeste e psichica (*Seelisches Himmelsbild*) in sé. Gli riuscirà se si rende perfettamente conto delle possibilità e dei limiti delle sue capacità. Sottovalutarle o sopravvalutarle può diventare egualmente disastroso. Sviluppare le capacità esistenti, dopo averne conosciuto la forza e le caratteristiche, questo può e deve fare l'uomo con l'aiuto del suo libero arbitrio. Egli scopre la propria immagine celeste e psichica nel suo tema di natale. Se è capace di interpretarlo correttamente o se lo fa interpretare da un esperto, allora diventa consapevole delle sue debolezze e virtù. Dal tema natale egli vede sia gli ostacoli che gli si presentano che i risultati di cui lo rendono capace le sue doti innate. Egli vi può rintracciare pericoli contro i quali deve difendersi, può sfruttare le forze a disposizione per conseguire i suoi obiettivi nel modo più intelligente e favorevole possibile e perciò può raggiungere più sicuri successi. Colui che conosce la propria immagine celeste e psichica non potrà mai lamentarsi di avere mancato i propri obiettivi!

Ma vedersi nella giusta luce nello specchio del proprio tema natale e potersene utilmente servire come una bussola per realizzare la propria esistenza è, oggi come oggi, un compito che per adesso rimane precluso alla maggior parte delle persone. Nello stesso modo in cui un ammalato non può guarirsi da solo e necessita di aiuto medico, così la maggior parte delle persone necessita della mediazione di un astrologo affinché possa rispecchiarsi nel proprio tema natale. E un astrologo che si sente chiamato ad illuminare e consigliare gli altri non può fare a meno di essere uno psicologo esperto. Molti e vari sono i motivi che rendono indispensabile questa pretesa. Il fiuto psicologico è inoltre strettamente collegato con la dote della associazione di idee qualora essi non siano, almeno nell'ambito della psiche, proprio identici. L'intuizione e l'associazione di idee rendono a sua volta possibile il riassumere gli elementi dell'oroscopo, tenendo conto di tutte le sfumature, in un profilo il più possibile fedele alla realtà.

Il fiuto psicologico è inoltre collegato anche al tatto e alla delicatezza, anzi non potrebbe proprio perfezionarsi senza di questi.

Ambedue ricoprono un ruolo di prima importanza nella presentazione dei risultati dell'analisi astrologica, sia nel caso in cui rivesta una forma scritta che durante una consultazione orale. La mancanza di sensibilità nello psicologo può avere un effetto quasi tragico sullo stato d'animo della persona da analizzare. Una singola parola non appropriata, un'espressione maldestra, un atteggiamento del consulente che non sia assolutamente privo di riserve nei confronti della psiche dell'analizzando, sono passibili di fare scattare in quest'ultimo reazioni che possono compromettere irreparabilmente il procedimento dell'interpretazione dell'oroscopo.

L'astrologo psicologicamente esperto si distingue molto da un volgare *dresseur d'horoscopes* per la forma in cui presenta le sue osservazioni. Egli non fa "predizioni" bensì al massimo delle "prognosi", cioè si guarda bene dal parlare di fatti ineluttabili della vita anche se dalla analisi del tema natale risulta con grande sicurezza che vi si presentino come inevitabili l'uno o l'altro evento. Anche a questo riguardo il suo atteggiamento è paragonabile a quello di un medico che sa dell'inevitabilità del decesso ormai prossimo di un malato senza speranza. Dal punto di vista psicologico è assolutamente inutile od addirittura dannoso annunciare un evento tragico e magari indicare il momento in cui potrà avvenire. Sia che si tratti di un decesso in famiglia oppure di un altro evento doloroso, ogni accadimento deve essere inserito in un complesso di emozioni ed altre circostanze, come quelle sociali. Esso ha le sue cause e provoca reazioni. E così, in verità, è importante limitare queste emozioni, chiarire le circostanze che provocano l'evento e valutare le possibili reazioni. L'evento tragico come tale può anche non essere menzionato, perché dal punto vista psicologico è di per sé non importante. Se è riscontrabile nel tema natale di una persona gravemente malata il suo probabile decesso e la persona stessa pone la domanda se esista per lui la possibilità di guarigione, in tal caso già il buon senso vieta di svelare chiaramente lo stato delle cose. L'astrologo consulente deve piuttosto trovare una forma che gli permetta di dire la verità senza sconcertare il malato. Questa forma sarà diversa in ogni specifico caso, e proprio perciò è importante conoscere con precisione la natura dei singoli fattori psichici. Prima di tutto ci si deve interrogare sulle circostanze che sono collegate alla morte del paziente e sulle probabili conseguenze del suo decesso. Può trattarsi, ad esempio, di regolare faccende testamentarie o di prendere qualsiasi altro provvedimento che non richiederebbe fretta, se esistesse la prospettiva di un ristabilimento del malato, ma che devono essere sbrigate con estrema urgenza se questa possibilità non esiste. In tali casi è opportuno indurre con qualche pretesto il malato senza speranza a fare il necessario o farlo fare da un altro. Se si tratta di una persona che teme per la vita di un altro, occorre anche in tal caso procedere con la stessa sensibilità psicologica. Il seguente caso serva come esempio. Una paziente chiede, durante un consulto astrologico riguardante il tema natale di suo marito, arrestato per motivi politici, se il processo contro di lui avrebbe avuto una conclusione favorevole oppure se sarebbe stato condannato ad un lungo periodo di prigionia. L'analisi svela che la persona in questione è sofferente di una grave forma di diabete. La moglie conferma questa diagnosi. Sotto questo aspetto risulta pertanto un quadro completamente nuovo. Con tutta probabilità il marito morirà in prigione, a causa della sua malattia, prima che si arrivi al processo. Il quesito sulla durata della prigionia e sull'esito del processo diventa pertanto ininfluente. In tali circostanze è di capitale importanza che la moglie si renda conto di come si debba comportare nella sua funzione di rappresentante del marito nella di lui impresa commerciale, in modo che la sua assenza non abbia negative ripercussioni sullo svolgimento degli affari. Senza accennare, neppure con una parola, al tragico esito della malattia, il consulente induce la signora a farsi intestare l'impresa motivando il suo consiglio con l'incertezza dell'esito del processo. Egli ritiene di potersi assumere la responsabilità di questa "bugia" sulla base di un ragionamento psicologico: l'annuncio di morte precipiterebbe la moglie in uno stato di preoccupante tensione che avrebbe uno sfavorevole effetto sulla sua capacità decisionale e di lavoro, mentre sarebbe opportuno prendere, il più presto possibile, tutti i provvedimenti necessari a far sì che, al momento del decesso del marito, ella possa tenere saldamente in pugno l'impresa commerciale. Tuttavia l'astrologo ritiene doveroso informare i parenti della coppia circa l'esito della sua analisi.

La sensibilità psicologica è naturalmente indispensabile anche in tutti quei casi in cui occorre chiarire al paziente quali siano i limiti del suo raggio d'azione, da non oltrepassare per non incorrere in delusioni o magari ricevere gravi danni. Ben spesso si tratta di pericoli che derivano da una sfrenata ambizione e brama di prestigio. Ci sono infatti moltissime persone che non hanno alcuna capacità di agire in un vasto raggio d'azione e che però vogliono ad ogni costo crescere oltre i limiti della loro spesso limitatissima sfera di autonomia. In tali casi nel tema natale l'ambizione e la brama di prestigio appaiono come tratti caratteriali innati che si trovano per forza di cose in contrasto alle effettuali possibilità di realizzazione della vita. Come si può superare questa tensione, onde risparmiare alla persona in questione gravi sconfitte ed irreparabili delusioni? Casi di questo tipo sono, nella loro problematicità di base – cioè da una parte un limitato raggio d'azione, dall'altra uno sfrenato desiderio di prestigio e una sfrenata ambizione – frequentissimi; peraltro questa problematicità si presenta ogni volta come caso a sé stante. Una meccanica applicazione delle deduzioni astrologiche può in tali casi condurre a pericolosi errori e perciò anche a sbagliatissime conclusioni. Anche in questi casi apparentemente di routine bisogna ragionare in termini psicologici; l'astrologo deve dimostrare la massima capacità di immedesimazione nonché la massima cautela nel formulare i suoi consigli.

Gli esempi citati fanno già capire che l'analisi astrologica rende possibile la scoperta di aspetti della vita che non possono essere né formulati né superati con il libero arbitrio. Eventi come la morte, considerata come accadimento soggettivo e oggettivo, malattie, incidenti di ogni genere segnalati dal tema natale sono infatti fuori dalla portata di qualsiasi espressione del libero arbitrio. Ma ci sono senza dubbio ancora molti altri eventi a cui si va incontro senza che essi possano essere evitati. Fino ad un certo punto, ogni evento di questo genere può essere considerato un destino inevitabile, ma tali accadimenti rappresentano in verità solo la minima parte dell'esperienza della vita, che si forma essenzialmente all'insegna della piena libertà. Perfino nel raggio d'azione in massima parte prestabilito fin dall'inizio non è presente l'aspetto assoluto di fatalità. Infatti, benché tale raggio d'azione sia "prestabilito", la conoscenza della sua vera ampiezza e dei suoi limiti gli toglie il carattere della inevitabilità, poiché in base a questa certezza l'azione del libero arbitrio può essere adattata in modo adeguato. Lo stesso accade per altre doti. Se è vero che non è possibile che una persona media diventi volontariamente un genio, è altrettanto vero che ogni talento si può sviluppare nell'ambito della sua reale importanza, il che rientra nelle possibilità del libero arbitrio. Anche la pianta più bella può deperire se le mancano le cure necessarie; ma quando viene curata può fare i fiori più belli.

Ciascun tema natale – tranne rarissime eccezioni – lascia intravedere a prima vista l'ambito in cui si svolge il raggio d'azione di una vita e quali limiti gli siano posti. Ciò vale anche per la misura e la natura delle capacità e doti spirituali di una persona, che sono determinanti nella sua esistenza. Nello stesso modo in cui per fare una diagnosi astrologica non è sufficiente presentare le deduzioni risultanti dagli indizi di un tema natale, ed occorrono le doti dell'associazione di idee e dell'intuizione per riassumere i risultati dell'analisi in un tutt'uno convincente, così questa esigenza diventa più che mai necessaria se si tratta di fare, sulla scorta di questa diagnosi, una prognosi. Se si tratta cioè di chiarire le doti spirituali, le capacità, le circostanze della vita (in generale tutti gli eventi di una esistenza) e di presentarle come dinamiche possibilità di sviluppo. Da questo punto di vista appaiono qui due fondamentali differenze che distinguono l'astrologo moderno sia dai suoi predecessori di altri tempi che dagli indovini "astrologici" ed altri ancora che "profetizzano" eventi futuri. Anche se tali previsioni possono rivelarsi altrettanto veritiere delle serie prognosi astrologiche, l'astrologo non deve mai tuttavia limitarsi a queste ultime. Ogni risultato di uno sviluppo, da lui riconosciuto nello specchio del tema natale in base a tutti i suoi elementi, è inserito, come già accennato, in un logico collegamento con tutti gli altri aspetti e fenomeni di una esistenza. I numerosi contrasti possono in questo contesto essere anche "logici", in quanto proprio la presenza di questi intimi contrasti e tensioni indica, a seconda della loro ampiezza e misura, un'esistenza più o meno ricca. L'ordinamento, nel modo più aderente alla realtà, di tutte le varie forze e possibilità in un quadro caratterologico-psicologico è il compito più arduo, ma anche il più appagante, di un astrologo. Se però gli mancano i necessari presupposti di esperienze e di cultura e se non possiede l'intuito psicologico, allora si abbassa automaticamente al livello di un volgare indovino. Se invece è capace di dipingere un quadro vivente del probabile svolgimento di un'esistenza, quale risulta dalla diagnosi e prognosi astrologica, allora può intraprendere a buon diritto il ruolo e la funzione del consulente psicologico. Al contrario della "semplice predizione", le sue osservazioni non possono provocare pericolosi effetti di shock, come è quasi sempre il caso della divinazione svincolata da ogni contesto, quando si tratta di "brutte notizie". Comunque non è sempre inevitabile ricorrere, come nel caso prima accennato, a una bugia per necessità. Nella maggior parte dei casi si riesce a trovare la giusta forma per preparare il paziente a possibili spiacevoli sviluppi della sua vita e per metterlo in guardia contro pericoli da affrontare. L'unica cosa importante è prepararlo, cioè creare per tempo le condizioni psichiche adatte per fargli accettare, in modo almeno relativamente tranquillo, un evento tragico.

La suddetta esposizione dovrebbe avere risposto alla domanda sui collegamenti fra astrologia e psicologia. Le vere possibilità dell'applicazione delle deduzioni astrologiche al lavoro di psicologia individuale potranno emergere tramite la conoscenza delle regole dell'oroscopia pratica e non per ultimo tramite l'approfondita conoscenza del linguaggio simbolico dell'astrologia.

L'IMMAGINE CELESTE DELL'ANIMA

Per tema natale (malgrado la sua odierna diversa natura e funzione seppur sempre ancora chiamato oroscopo, secondo una vecchia usanza) si intende la riproduzione grafica, osservata da un determinato luogo, della volta celeste che si presentava nel momento in cui veniva al mondo un essere umano. Lo schema di forma circolare che simboleggia l'Eclittica viene tradizionalmente diviso in dodici parti di 30 gradi ciascuna, corrispondente ai dodici segni zodiacali. Oroscopi più antichi, nei casi in cui furono rappresentati graficamente, non conoscevano altre suddivisioni.

L'astronomo arabo Albatenio (850 - 920) introdusse per primo un sistema di suddivisione dell'oroscopo in dodici cosiddette case o campi, alla cui base vi erano calcoli collegati all'ora di nascita; tale sistema fu chiamato domificazione. In tempi successivi apparvero diverse variazioni di questa divisione dell'oroscopo. Al giorno d'oggi, per ricercare la domificazione in questione ci si può servire di apposite tavole in varie edizioni, che si riferiscono a tutte le latitudini fra 2 e 60 gradi di latitudine nord e sud dell'equatore, poiché le case o campi hanno una diversa posizione nel tema natale a seconda dell'ora e del luogo geografico di nascita. Terzo importante elemento di interpretazione, oltre al segno zodiacale ed ai campi, sono i principali corpi celesti, chiamati pianeti in linguaggio astrologico, anche se tra di essi si trovano il sole e la luna. Le posizioni planetarie si possono anch'esse trovare in tavole calcolate su base astronomica ed elaborate ad uso degli astrologi, tavole note col nome di effemeridi.

Ad ogni elemento oroscopico – segni zodiacali, campi, pianeti – viene attribuito, a seconda della sua posizione e del suo rapporto con tutti gli altri elementi (aspetti), un determinato significato. Tale significato si esprime innanzitutto in un'immagine di base, a cui possono essere sovraordinate o subordinate analoghe immagini il cui numero è praticamente infinito. Anche il seguente sommario, riferentesi agli elementi d'interpretazione di ciascun segno zodiacale, si potrebbe in verità ampliare a volontà, perché alla ripartizione della cintura zodiacale è collegata tutta l'immaginazione che esaurisce e riassume il senso della vita umana. Si tratta di nient'altro che della base archetipica della struttura della coscienza e della psiche umana, sulla quale è stato costruito, nell'arco di innumerevoli millenni, l'intero patrimonio di esperienza e di memoria dell'umanità.

ANALOGIE DI BASE DEI SEGNI ZODIACALI

Ariete: testa, orecchie, occhi, denti; bonarietà, tenerezza, ingenuità; ostinatezza, irritabilità, impulsività; volontà incostante; militarismo, entusiasmo per la guerra, ribellione; siderurgia, fonderie, meccanica; chirurgia, anatomia, frenologia; barbiere, macellaio, commerciante di specialità e primizie; attrezzi da taglio, armi; primavera, principiante, apprendista; mal di testa, carie, malattie della bocca, debolezza di vista o di udito.

Toro: collo, nuca, gola; apice dei polmoni; abilità, gusto, senso del reale, parsimonia, avarizia; critica, opposizione; materialismo, capitalismo, avidità di denaro; matematica, archeologia; industria straniera, trattoria, conserve in scatola; clinica, sanatorio; canto, canzone, opera; museo, archivio, piramide, corrida; asma, malattie della gola, tonsillite, laringite.

Gemelli: petto, polmoni, estremità superiori; lingua, andatura; versatilità, intelligenza, cavillosità, loquacità, talento oratorio; capricciosità, superficialità, doppiezza, astuzia, malignità, mendacia, mania di pettegolare; letteratura, giornalismo, grafologia, editoria, tipografia, stampa; giramondo, pilota d'aereo, autista, rappresentante.

Cancro: stomaco, memoria, ricchezza d'idee, originalità, sensibilità, poesia, fantasia, suggestionabilità, auto incensamento, manie, sonnambulismo; sentimentalismo, romanticismo; precisione, episodio, dettaglio, aneddoto; storia, mitologia, antropologia, etnografia, geografia, geologia, storia dell'arte; folclore, popolo, nazione, passato, ricordo, fedeltà alle tradizioni; antichità, collezionismo di francobolli; agricoltura, commercio di cereali, orticoltura, meccanica di precisione, orologi, ottica; malattie dello stomaco.

Leone: cuore, cervello; autorità, dignità, volontà di potenza; posa, alterigia, arroganza, ambizione, megalomania, generosità, conciliazione, protezione, beneficenza, mecenatismo; origine aristocratica, tradizione, ricchezza, fama; servizio di stato, ambasciate, alta finanza, grande industria, oreficeria; splendore, lusso, solennità, apoteosi; documenti, pietre preziose, oggetti di valore; malattie cardiache, angina pectoris, apoplessia, elioterapia.

Vergine: intestino; purezza, previsione, verginità; masochismo, egocentrismo, autocompiacimento; enciclopedia, ricerca, scienza, sintesi, analisi; astrologia, zoologia, botanica, meteorologia, economia di stato, statistica; metodo, ordine, igiene, pulizia, meschinità, pedanteria; libreria, commercio al minuto, sottoposti; paesaggio, montagna, alpinismo, gite, boy-scouts, floricoltura, piantagioni; infiammazioni intestinali, ulcera duodenale.

Bilancia: reni, prostata, ovaie, utero; collaborazione, unione, associazione di idee; arte, musica, teatro, danza; medicina, chirurgia, diplomazia; armonia, equilibrio; moda, eleganza, allegria, piacere; estetismo, formalismo; industria tessile, confezione, arredamento di interni, bigiotteria, regali; decorazioni, arabeschi, ornamenti; comodità, cosmetici, profumo; anello, cerchio, sfera, pizzi, diamanti; talento linguistico, pubblicità; uremia, azoturia, diabete, nefrite.

Scorpione: genitali, basso ventre, vescica, appendicite; aggressività, sensualità, sex-appeal; analisi, psicologia, scienze occulte; chimica; ambivalenza, ambiguità, vendetta, tradimento, criminalità; vizi, passione, calunnia; iniezione, puntura, morso; lettere anonime, aborto; ferimento, febbre, malattie veneree, mania di persecuzione.

Sagittario: coscia, anche, fegato; fede, pace, giustizia, teologia, giurisprudenza, pedagogia; clero, giudici, avvocati, architetti; esagerazione, superficialità, fanfarone, bluff; cordialità, abbondanza, esaltazione, fascino, conquista; gioco d'azzardo, speculazione, borsa, competizione, lotteria; cavalleria, sport (automobili, cavalli), ciclista, caccia; gozzoviglia, pigrizia; freccia, arco, segnali stradali, guida turistica, regista; sciatica, malattie del fegato.

Capricorno: ossa, ginocchi, pancreas; costanza, resistenza, concentrazione, difesa, impenetrabilità, mancanza di comprensione, calcolo, solitudine, misoginia; sarcasmo, ironia; rinuncia, ostacolo, privazione, asservimento, sfruttamento; erudizione, politica, filosofia; scultura; artigiano, falegname, fornaio, tessitore; cotone; edilizia, pietra, legno, vetro; scudo, diga, scala; malattie croniche, malattie ereditarie, tubercolosi (polmoni e ossa).

Acquario: polpacci, vasi sanguigni, linfa, ghiandole, metabolismo, secrezione interna; eccentrico, vistoso, geniale; ribellione, riforma, progresso, dinamica, concezioni moderne, socialismo, cosmopolitismo; tecnica, scienza; motori, elettricità, energia nucleare; ingegnere, pioniere, inventore; tensione, esplosione, improvvisazione; crampi, paralisi, linfatismo, anemia, disturbi circolatori.

Pesci: pelle, capelli, piedi; calvizie; fertilità, obesità; religiosità, comprensione, compassione, umiltà, intuizione, fantasia; devozione, ipocrisia; abuso, intrigo, mitomania; medicastro; mago, cristianesimo, monachesimo, francescanesimo; povertà, miseria, accattonaggio; vino, petrolio; olio, grasso, cuoio, pelliccia; assicurazione, risaie; comandante navale, marinaio; viaggi per mare, paesi sull'acqua; droga, avvelenamento, contagio; calcio, corridore; malattie infettive, eruzione cutanea.

Contrariamente alle lunghe serie analogiche riferentisi ai segni zodiacali, le corrispondenze dei pianeti e dei campi si possono più facilmente riassumere, a motivo della loro natura, in forma ridotta. Inoltre, le caratteristiche generalmente attribuibili ai pianeti corrispondono in parte a quelle dei segni zodiacali, poiché ad ogni settore dello zodiaco viene assegnato, come si suol dire in linguaggio astrologico, un *signore* planetario. Tuttavia occorre notare che una posizione sfavorevole dei singoli pianeti nello zodiaco oppure aspetti sfavorevoli da altri pianeti trasformano la maggior parte delle corrispondenze, non diversamente da quanto accade per i segni zodiacali, nel loro contrario: potenza/impotenza, piacere/dispiacere, eloquenza/taciturnità ecc., come viene talvolta enunciato nel seguente elenco.

Sole (domicilio in Leone): donatore di vita, forza creativa, potere, ricchezza; padre.

Luna (domicilio in Cancro): vita emotiva, femminilità, passività, incostanza, capricci; madre.

Mercurio (domicilio in Gemelli o Vergine): riflessione, osservazione, agilità, eloquenza, fratelli minori.

Venere (domicilio in Toro o Bilancia): arte, amore, dedizione, gioia di vivere; musica, amante, amica.

Marte (domicilio in Ariete o Scorpione): lotta, volontà, attacco, vendetta, violenza; sangue; guerriero, nemico.

Giove (domicilio in Sagittario): successo, fortuna, giustizia, legge; dignità, morale, ordinamento statale, religione; chierico, giudice, protettore.

Saturno (domicilio in Capricorno): saggezza, autocritica, coscienziosità, cautela, pazienza; il vecchio; morte.

Urano (domicilio in Acquario): genialità, idea improvvisa, rivoluzione, scoperta, subitaneità, paralisi, incidente, separazione; ingegnere, tecnico, rivoluzionario.

Nettuno (domicilio in Pesci): segreto, intuizione; tradimento, ricatto; talento, cancro; artista, truffatore.

Plutone (domicilio incerto, più probabilmente Scorpione): ascesa, confusione, umiliazione, illusione, imprevedibilità; l'uomo non comune, esploratore, pioniere.

Accenno qui di seguito alle principali indicazioni valevoli per i campi.

1° campo: (coincide con l'Ascendente): costituzione fisica, atteggiamento interiore ed esteriore, temperamento, carattere.

2° campo: fonte di guadagno, tipo di guadagno, finanze; strada.

3° campo: piccoli viaggi, base culturale, epistolario, documenti, ambiente circostante, fratelli e sorelle (madre).

4° campo (coincide con l'Imum Coeli o Fondo Cielo): casa paterna, origine, ambiente familiare; padre.

5° campo: relazioni amorose, bambini, arte, gioco.

6° campo: modo di lavorare, sottoposti, animali domestici, malattie passeggere.

7° campo (coincide con il discendente): matrimonio, rapporti associativi, rapporti con il mondo esterno.

8° campo: disposizioni ereditarie, nonni, eredità spirituale e materiale; morte.

9° campo: aspirazioni superiori, grandi viaggi, atteggiamento spirituale; madre.

10° campo (coincide con il Medium Coeli o Medio Cielo): professione, posizione sociale, ascesa.

11° campo: rapporti sociali, amicizie, protettore e mecenate (madre).

12° campo: circostanze frenanti della vita, privazione di libertà, nemici, malattie croniche.

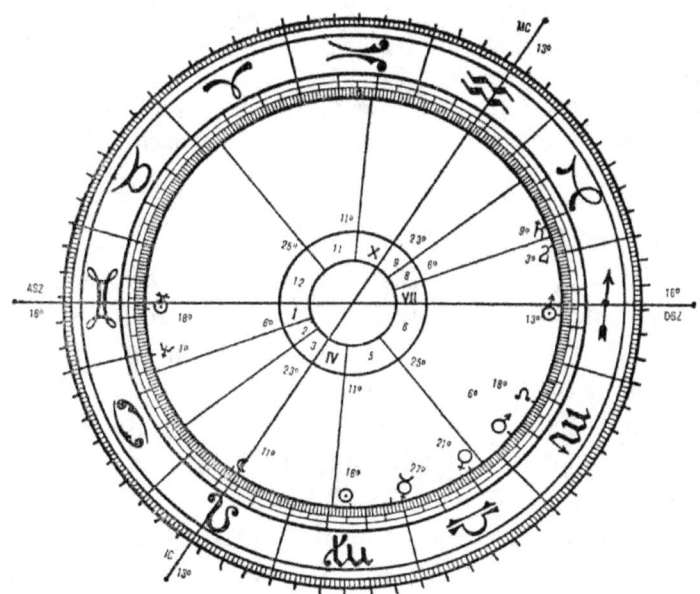

Questa rappresentazione grafica di un tema natale si limita ad una riproduzione degli elementi primari di un oroscopo. Potrebbe essere completata, in accordo con i metodi di lavoro tradizionali dell'attuale astrologia, con una serie di elementi secondari. L'esperienza cosmopsicologica comunque ci insegna che lo schema del tema natale ridotto all'essenziale è assolutamente sufficiente per il creativo chiarimento di una esistenza individuale, come anche per una consultazione pratica riguardante le sue possibilità di sviluppo. Il seguente modello mostra i dodici segni zodiacali ed i dodici campi con le posizioni dei pianeti per la corrispondente ora di nascita (9 settembre 1901, ore 20:00, Berna).

A sinistra appare il segno nascente ad oriente, a destra il segno che tramonta proprio in quel momento. Ambedue punti dell'eclittica, che corrispondono ai segni zodiacali denominati Ascendente e Discendente, sono collegati da una linea retta che a sua volta simboleggia l'orizzonte del luogo di nascita. La creatura venuta al mondo deve perciò essere immaginata al centro di questa linea, cioè nel punto di intersezione fra la linea dell'orizzonte e la linea che collega il Medio Cielo (Medium Coeli) – cioè il segno che al momento della nascita si trova allo Zenit – con il Fondo Cielo (Imum Coeli) – cioè il segno zodiacale che in quel momento sta al Nadir. Le linee che nel disegno collegano i vari pianeti fra di loro mostrano i reciproci effetti, cioè i rapporti – in termini di distanza – in cui essi si trovano rispetto all'eclittica. Anche gli aspetti, come tutti gli altri elementi oroscopici, permettono una certa interpretazione ed indicano corrispondenze nella vita reale.

Ogni analisi sulla base del tema natale include destino, predisposizione, raggio d'azione, l'uso del libero arbitrio nella formazione della personalità e, non per ultimo, i motivi della fortuna e della sfortuna. Fra questi, la definizione astrologica più difficile è il concetto di destino, proprio perché nell'ambito dell'astrologia ha dato disastrosamente motivo a malintesi, essendo un fenomeno della storia dello spirito e delle scienze umane.

Poiché non esiste alcun dubbio che ogni vita sia caratterizzata da eventi che non possono essere cambiati od evitati da un atto di volontà, l'uomo deve essere pronto, volente o nolente, ad affrontarli. Similmente ai tratti caratteriali individuali e ad altri eventi della vita, anche questi accadimenti si rispecchiano nel tema natale. In questo si intravedono, fra l'altro, eventi particolari nello stretto ambito familiare, presupponendo però che lascino tracce nella vita di una persona, come per es. il decesso prematuro dei genitori, la tragica morte di un fratello in giovane età e fatti del genere. Inoltre il tema natale contiene indicazioni su possibili malattie in quanto abbiano, nel senso prima precisato, una certa importanza sullo stile di vita. Anche se l'uomo non può evitare certe spiacevoli esperienze, non per questo deve accettarle

46

supinamente. A prescindere da tutte le conseguenze pratiche che possono risultarne, e con cui il soggetto deve bene o male fare i conti, in ogni caso sta a lui prepararsi spiritualmente e psichicamente per poi essere in grado di sopportarne gli effetti nel modo meno deprimente ed opprimente possibile. Ogni tema natale offre infine punti di riferimento più o meno precisi per un probabile manifestarsi di circostanze positive, cioè piacevoli, che anch'esse non possono essere determinate dalla volontà umana. Ma il criterio delle maggiori o minori probabilità, che resta sempre indicativo in ogni prognosi astrologica, riveste in tali esperienze un maggior peso che negli eventi i quali, di per sé, hanno un carattere soggettivo inevitabile, come nel caso di un decesso. La "fortuna" appare nel tema natale, in misura molto maggiore che nelle altre corrispondenze, sotto forma di tendenza oppure – se si riferisce esplicitamente ad un certo tipo di "caso fortunato" – come una "occasione". Perciò è, per principio, insostenibile il voler predire ad una persona che vincerà alla lotteria e deve essere considerato un inganno del tutto irresponsabile fornirle indicazioni sul come potrà ottenere tale risultato. Astrologi, o piuttosto coloro che si ritengono tali, che consigliano "numeri fortunati" da giocare al lotto o a giochi similari con la fittizia sicura prospettiva di una vincita, dovrebbero essere denunciati per truffa, tranne nel caso in cui si tratti di un chiaroveggente a cui, talvolta, tali previsioni possono riuscire, ma sicuramente non sulla base di deduzioni astrologiche.

Eventi oggettivamente rilevabili di un tema natale e che sono caratteristici di ogni vita in verità non rappresentano altro che una correlazione secondaria della realizzazione di un'esistenza. Secondo la concezione astrologica il vero contenuto del destino è soprattutto la somma, che viene modellata con il pieno impiego del libero arbitrio, delle caratteristiche dell'essenza e del carattere di una persona, delle sue innate capacità spirituali nonché dei contrassegni fisici, all'interno di un raggio d'azione chiaramente circoscritto e più o meno limitato.

Infatti l'uomo è senz'altro capace di "correggere" in gran parte, in un modo o nell'altro, i propri tratti caratteriali e di sviluppare più o meno vantaggiosamente le sue capacità secondo il proprio giudizio. Il concreto contenuto della vita, di cui l'uomo dispone per la sua realizzazione, è sempre in stretta corrispondenza ad un determinato raggio d'azione, i cui limiti sono inviolabili. Neppure la più forte volontà deve osare superare questi limiti. Se qualcuno tenta di farlo, corre il pericolo di richiamare disturbi inerenti l'equilibrio psichico, spirituale, sociale ed eventualmente anche fisico. A prescindere dai fatti oggettivi, solo questo raggio d'azione è, come tale, veramente predeterminato; non si tratta di una limitazione qualitativa, spirituale e di valore, bensì di una limitazione quantitativa, di spazio e d'azione. L'equilibrio di un'esistenza viene mantenuto soltanto se le possibili modalità di vita vengono formate, tramite le energie creative, nell'ambito di un determinato quadro esistenziale. Secondo questo principio, la buona sorte si raggiunge ricercando l'equilibrio degli eventi esistenziali presenti, e dunque la conservazione dell'equilibrio interno ed esterno; la cattiva sorte appare in questa prospettiva come risultato di tentativi falliti di azioni contro questo principio. Ad uno non riuscirà mai – o soltanto eccezionalmente – malgrado le sue eccellenti doti intellettuali, di far valere la propria personalità oltre un limitato ambito del mondo esterno; un altro sviluppa le sue capacità, per nulla pari a quelle precedenti, e ne aumenta l'effetto in tal misura da fare avere al suo raggio d'azione un'ampiezza straordinaria. Ma l'applauso del grande pubblico non è necessariamente una prova della qualità dell'operato, come il silenzio che accompagna un'azione od un'opera non è affatto sempre un segno della sua mancanza di valore. Importa piuttosto che l'uomo si adatti ad una determinata situazione, perché altrimenti non riuscirà mai a vivere in armonia con se stesso e con il mondo esterno. D'altra parte è comprensibile che, in una epoca come la nostra, la quale tende ad un'esagerata estroversione – perfino all'esibizionismo – aumenti il numero delle esistenze fuorviate e quello delle persone che incontrano grosse difficoltà nella vita, della quale si lamentano come di un "destino infelice".

Il cosmopsicologo consulente intravede in modo inequivocabile, già ad un primo sguardo al tema natale, l'ampiezza del raggio d'azione. In generale, le nascite diurne, in cui il sole si trova nella parte superiore dell'orizzonte, sono un presupposto per un'esistenza estroversa; le nascite notturne, in cui il sole sta nella parte inferiore dello schema oroscopico, di un'esistenza introversa. Nel primo caso si tratta di un modo di vita disposto verso l'esterno e per lo più di persone di successo, che necessitano, per l'espressione della loro personalità, di una vasta cassa di risonanza. Il palcoscenico, il podio dell'oratore, il tavolo della conferenza, il pubblico, i seguaci, l'applauso e così via, costituiscono analogie di questa corrispondenza. Nell'altro caso, cioè dell'esistenza che è condizionata da una nascita notturna, e che si svolge innanzitutto nel mondo del pensiero oppure nello spazio emotivo dell'anima, il tema natale mostra una persona la cui attività si effettua più in profondità che in larghezza. Meditazione, introspezione, luoghi chiusi, scarsa vita sociale e perciò solitudine, ascesi, vita monastica ecc. sono quindi possibili analogie. Il vero operato o l'opera creata in queste condizioni non deve essere affatto, come già accennato, priva di valore malgrado il mancato eco nel mondo esterno.

La parte superiore dell'oroscopo indica perciò la "sfera esterna", le parti sottostanti la linea dell'orizzonte invece la "sfera intima" del raggio d'azione. Un significato determinante viene attribuito all'una o all'altra sfera a seconda del fatto che il Sole si trovi sopra o sotto l'orizzonte. I pianeti vicino al Sole, sopra o sotto l'orizzonte, danno a loro volta indicazioni su modi e mezzi di realizzazione della vita. Se il Sole con la maggior dei pianeti si trova in segni zodiacali che corrispondono al VII, IX, X ed XI campo, allora si deve dedurre un raggio d'azione estremamente ampio, con la massima risonanza nella vita pubblica. Per esempio, nel tema natale di Mussolini la metà inferiore dell'oroscopo è completamente vuota; tutti i pianeti stanno sopra l'orizzonte. Il duce si faceva in un certo senso "elevare" dai suoi seguaci e si rispecchiava continuamente nell'immagine delle loro reazioni, il che portò sempre nuovo nutrimento al suo dinamismo. Né diversamente si presenta il tema natale di Hitler. Tuttavia due importanti pianeti, la Luna e Giove, si trovano nel segno "filosofico" del Capricorno ed ambedue nel terzo campo. Alla luce di questa differenza con il tema natale di Mussolini, e paragonandolo a quest'ultimo, Hitler appare non tanto come uomo di stato, bensì soprattutto come guida di un movimento popolare (Luna) in cui però la sua "ideologia" od "ordinamento politico" (Giove) pervenne ad un raggio d'azione grande quanto la concreta azione politica del dittatore italiano, alla cui "mistica fascista" mancò però ogni fondamento filosofico e, in ultima analisi, anche psichico, il che viene indicato dal "vuoto completo" della "sfera intima" nel suo tema natale.

I temi natali di esploratori, ricercatori e lavoratori intellettuali di varie categorie offrono un'immagine completamente diversa. Il motivo meditativo, da valutare positivamente, sembra accentuato dall'accumulo di pianeti sotto l'orizzonte e soprattutto nelle vicinanze del Fondo Cielo, cioè nel III e IV campo e, in persone dotate dal punto di vista artistico, nel V campo. Il reale raggio d'azione è "stretto", le sue analogie sono la stanza di lavoro, il laboratorio, l'istituto di ricerca, lo studio. Se queste persone hanno la possibilità di raccogliere onori durante la vita, ciò è indicato nel tema natale, oltre che dall'accumulo planetario nella "sfera intima" (cioè nella metà inferiore dell'oroscopo), anche da uno o due pianeti nei pressi del Medium Coeli. Il contrasto risultante dal fatto che più pianeti si trovino contrapposti in zone zodiacali indica tensioni che in fondo fanno parte di normali eventi di ogni vita creativa.

Il tema natale di Goethe offre un esempio molto istruttivo dal punto di vista della molteplicità di forze che lavorano in contrasto l'una con l'altra. Poiché nacque a mezzogiorno e con la Luna piena, i due principali astri si trovavano uno di fronte all'altro. Già solo da questo fatto si potrebbe dedurre una probabile caratteristica della sua personalità e realizzazione di vita; ma il suo tema natale contiene inoltre un'opposizione decisiva, e precisamente quella fra Venere e Giove. Le opposizioni mostrano i particolari contrasti di questa vita straordinaria; per di più appaiono sullo sfondo delle caratteristiche corrispondenti al tipo Vergine: l'oscillazione fra vicino e lontano, fra esperienza ed astrazione, fra teoria e prassi, fra sogno e realtà. La vita di Goethe fu segnata dal motto «tutto per l'amore», però proprio sotto questo aspetto essa fu meno "felice". Nessuna indicazione potrebbe essere più esplicita di quella opposizione Venere/Giove che prelude a relazioni deludenti con le donne. Goethe trovò però un equilibrio fra cielo e terra nelle sue opere creative. Anche sotto questo aspetto il tema natale ci dà molte informazioni. Ad un primo sguardo esso dà l'impressione di un quadro caotico. Da questo caos Goethe creò un mondo in cui tutti i contrasti si scioglievano in un'armonia.

Le informazioni sulle tendenze fondamentali della vita, il suo carattere estroverso o introverso, vengono mostrate nel tema natale oltre che, come già accennato, dalla posizione del Sole al di sopra o al di sotto dell'orizzonte, anche dalla distribuzione dei pianeti all'interno dello schema oroscopico. Se la maggior parte degli astri si trova accanto al Sole nei campi superiori, allora si può dedurre che si tratta di un'esistenza assai estroversa con grandi possibilità di successo. Se invece la maggior parte dei pianeti, assieme al Sole, sono distribuiti nei campi inferiori dell'oroscopo, allora si tratta di una persona con una ricca vita interiore, che agisce in un ambito più stretto e che tende alla meditazione ed alla introspezione del vissuto. Accanto a questi temi natali con chiari indizi indicanti l'una o l'altra direzione, ci sono naturalmente anche molti temi natali che contengono sotto questo aspetto indicazioni contrastanti. Temi natali con tali varianti richiedono maggior intuizione ed il dono dell'associazione di idee da parte del cosmopsicologo. Può capitare, per esempio, che soltanto il Sole si trovi sopra l'orizzonte (nel VII oppure nel XII campo), mentre tutti gli altri astri sono posti nella metà inferiore dello schema oroscopico. Se in tal caso il Sole si trova nel VII campo, la persona in questione potrebbe difendere la sua posizione nel mondo esterno grazie alla sue capacità intellettuali, che di fatto possiede. Se il Sole è situato nel XII campo, se ne possono dedurre altre conclusioni piuttosto sfavorevoli. Una simile persona può possedere capacità fuori dal comune, però circostanze esterne oppure ostacoli interni le impediscono di emergere. Personalità creative, che raggiungeranno la fama soltanto *post mortem*, avranno l'VIII campo molto accentuato in un modo o nell'altro. Le caratteristiche del segno zodiacale che ne formano la cuspide sono normalmente molto istruttive. Così il Capricorno indica perseveranza, il Cancro la memoria, lo Scorpione capacità ereditate ed il Pesci talento artistico. In tali casi i pianeti che si trovano in questo campo indicano il modo in cui la fama si manifesterà dopo la morte: tramite il lascito di opere o pensieri (Saturno), tramite il combattivo apostolato dei seguaci (Marte) o tramite un ricordo emotivo/sentimentale (Luna) ecc.

Se le eredità, i lasciti, i legati e così via sono le analogie dell'VIII campo, esse non debbono essere affatto interpretate sempre nel senso di un evento successivo alla morte. Spesso l'VIII campo rispecchia anche predisposizioni ereditarie, fattori ereditari ricevuti alla nascita dagli antenati anziché trasmessi ai propri eredi. Esso è perciò della massima importanza non soltanto per il chiarimento di tratti caratteriali innati bensì anche per la ricerca di ciò che, dal punto di vista astrologico, appare come un tema del destino tramandato in una famiglia o in una serie di generazioni.

Da studi statistici risulta che nel tema natale spesso vengono indicati eventi che, nelle loro caratteristiche fondamentali, si sono ripetuti di generazione in generazione. Di tale fatto si possono rinvenire indizi decisivi soprattutto nei campi IV, VIII e XII. Il seguente caso potrà servire di esempio.

Il pianeta Urano si trova, nel tema natale di una persona nata nel 1934, nel segno dell'Ariete e nell'VIII campo. La persona soffre di forti mal di testa e lamenta disturbi alla vista. Suo padre è nato nel 1912; nel suo tema natale Urano si trova in Acquario e, come in quello della figlia, in campo VIII. Si notano disturbi circolatori e dell'equilibrio che, fra l'altro, provocano mal di testa; anche la vista si è indebolita. Nel tema natale del nonno, nato nel 1885, troviamo il pianeta Urano nel segno della Bilancia e nel XII campo. Il segno della Bilancia è situato proprio di fronte a quello dell'Ariete. Il XII campo si riferisce alle malattie croniche, quasi sempre ereditate. Quest'uomo soffrì di una inguaribile malattia ai reni (Bilancia) e spesso anche di infiammazioni alle orecchie (Ariete). Il bisnonno, nato nel 1850, è stato ferito gravemente alla testa durante una ricognizione notturna durante la guerra nei Balcani. Nel suo tema natale il pianeta Urano si trova, come nel tema della pronipote, in Ariete ed in campo VIII (morte) in opposizione a Marte nel II campo in Bilancia (sentiero, strada).

Nello stesso modo si possono scoprire "motivi ereditari" riguardo a vari piani della vita (posizione sociale, rapporti con il mondo esterno, circostanze ambientali ecc.). Dal punto di vista astrologico esiste dunque qualcosa come un "destino della stirpe" che, nel corso dei secoli, si presenta presso membri della stessa famiglia come "evento analogo" e foggia rispettivamente caratteristici tratti caratteriali o somatici. È a questo fenomeno che si può fare risalire la musicalità della famiglia Bach, la morte violenta nelle case Romanov e Asburgo, il famoso naso dei Borboni ecc.

Ricerche astrologiche sulla base di numerosi alberi genealogici hanno portato alla luce il fatto degno di nota che nella stessa famiglia, di generazione in generazione, per decenni le nascite si ripetono spesso nella stessa stagione, cosicché i rappresentanti di una medesima stirpe sono portatori delle stesse caratteristiche di un determinato tipo astrologico; le nascite sotto un altro segno zodiacale, che di tanto in tanto interrompono la serie, si verificano negli individui in questione soltanto come deviazioni dal tipo di base. La portata psicologica di questi fatti è evidente e, nella misura in cui tali fattori ereditari appaiono nell'analisi individuale, risulta più che comprensibile che lo psicologo consulente debba dedicare loro la massima attenzione, prendendoli in considerazione nelle sue diagnosi e prognosi.

Se il "destino" consiste nella delimitazione del raggio d'azione, che nemmeno l'uomo più capace può – con tutta la sua volontà – superare, allora, come più sopra ribadito, la caratteristica "interna" (nascita notturna) ed "esterna" (nascita diurna) del raggio d'azione indica i mezzi ed i metodi per la realizzazione della vita. Un fruttuoso equilibrio fra intuizione (Nettuno) e fantasia (Luna) da una parte e perseveranza (Saturno) e creatività (Marte) dall'altra, cioè un rapporto armonico fra la personalità da formare (Sole) e la sua esteriore forma espressiva (Venere) dovrebbe essere segnalato nel tema natale di un artista da un'adeguata distribuzione sotto e sopra l'orizzonte; in tal caso gli elementi espressivi dei "valori interni" (Sole, Luna, Nettuno, Urano) si troverebbero nella metà inferiore dell'oroscopo, mentre gli elementi simboleggianti la dominante forza creativa e la sua diffusione nell'opera creata

(Venere, Marte, Giove, Saturno) si troverebbero al di sopra dell'orizzonte. Ma tali "casi ideali", quale che sia la professione in questione, sono rari. Allora è compito dell'astrologo consulente elaborare, durante il procedimento interpretativo, quegli eventi della vita e del carattere presenti nel quadro natale (in sé spesso contraddittorio e disarmonico) che offrono una più sicura prova di essere affidabili fattori di una riuscita realizzazione della vita.

Gli elementi disarmonici contrastanti ai quali corrispondono nella vita reale conflitti, malcontento interiore, insuccessi e fallimenti, non si esauriscono affatto solo nel rapporto reciproco e sfavorevole fra il raggio d'azione interno ed esterno; tale rapporto infatti trova espressione – nella maggior parte dei casi – quando nella sfera interna, come pure in quella esterna, si trovano pianeti che sono contrastanti con la natura dei campi ove sono situati oppure che sono per propria natura contrastanti col segno zodiacale. In senso astrologico, in effetti, il destino non è soltanto limitazione del raggio d'azione (cioè solo inevitabilità di una certa realizzazione della vita) in un ambiente più o meno ampio con maggiore o minore risonanza nell'ambiente esterno; il destino – e lo voglio qui sottolineare ancora una volta – è ovviamente anche la limitazione degli esistenti tratti caratteriali e delle capacità, considerate in sé e per sé, il che equivale al severo dosaggio dei contenuti psichici e delle doti intellettuali da sviluppare. Nessuno può diventare più intelligente di quanto lo sia alla nascita e nessuna forza di volontà, anche quella più audace, potrà fare di una persona un grande uomo di stato se gli mancano le doti necessarie, per non parlare delle complesse misure della grandezza umana, come la genialità e la santità, che del resto nessun tema natale potrà né giudicare né svelare.

Ogni talento ed ogni capacità deve inserirsi, come parte integrante, nell'insieme di tutte le concrete possibilità di una realizzazione, in armonia con gli altri tratti caratteriali; cioè devono essere realizzate in conformità a quelle corrispondenze che si adattano meglio nel quadro completo dell'esistenza. Dal punto di vista astrologico ciò porta alla consapevolezza che ogni elemento oroscopico può essere riconosciuto come un evento positivo oppure negativo a seconda delle esigenze del processo di realizzazione in questione. Ma altra cosa è giudicare ciò che è positivo oppure negativo per una determinata vita. Questa decisione dipende dall'atteggiamento verso il mondo esterno che si può consigliare ad una persona, basandosi sugli elementi dell'oroscopo, cioè sulle sue capacità e possibilità, in modo che essa possa costruire e stabilizzare la propria posizione sociale mirando verso il compimento della massima armonia interna ed esterna con fondate prospettive di successo. Nell'esistenza di un artista oppure di una vita dominata da una creatività spirituale agiscono come fattori senza dubbio positivi la contemplazione e l'introspezione, spessissimo presenti nel tema natale con una posizione accentuata della Luna. E' già discutibile se questi fattori si dimostrino egualmente positivi nella vita di un uomo di stato oppure di un politico; si dimostrerebbero come tendenze del tutto importune per es. in un generale o per un uomo la cui vita richiede la capacità di prendere rapide decisioni e di agire velocemente. Nel primo caso accennato, il cosmopsicologo raccomanderà un'impostazione di vita che corrisponda possibilmente in modo ampio e profondo agli elementi che indicano la contemplazione e l'introspezione, ciò che in linea di principio è un invito a privilegiare il sentimento sulla ragione, l'intuito sulla riflessione. Per una vita impostata su azioni veloci e decisioni immediate, la contemplazione e l'introspezione si dimostrerebbero fattori ostacolanti e quindi si consiglierà generalmente di superarli.

A prescindere dai rari casi eccezionali di una realizzazione umana su di un altissimo livello, nel quale si muovono i geni ed i santi, c'è una vastissima, infinita gamma di possibilità di modalità di vita che il cosmopsicologo incontra sotto molteplici, in parte contrastanti, aspetti. In primo piano si impone sempre la già accennata domanda sulla fortuna e sulla sfortuna. L'estrema limitatezza delle forze creative (volontà, intelligenza, spirito, passione) e dei contenuti esistenziali umani (fantasia, talento, capacità) possono corrispondere all'incapacità di vivere, alla bancarotta morale e materiale, e cioè ad un destino infelice? Ovvero, la massima ampiezza delle stesse forze ed una ricchissima gamma di possibilità nella vita significa forse l'armonia e la contentezza, cioè un destino felice?

Come per l'astrologia non esiste un destino nel senso corrente della parola, cioè un'immutabile predestinazione degli eventi della vita – e l'asserita professione di fede dei suoi sostenitori per il fatalismo o addirittura per il determinismo è una malevola invenzione dei suoi avversari – nello stesso modo, alla luce dell'astrologia, fortuna e sfortuna sembrano in sostanza una questione di libertà interiore che però si può esprimere solo attraverso la conoscenza della vera natura e dei limiti, tanto degli essenziali dati di fatto quanto delle loro corrispondenti forze creative. Aprire ad una persona la strada a questa conoscenza, che in fondo non è altro che la conoscenza di se stesso, diventa il primo e più nobile compito del cosmopsicologo. Se nel tema natale non si potesse leggere altro che l'"inevitabile destino", allora l'astrologia sarebbe ancora oggi ferma ai suoi inizi divinatori, non avrebbe neppure più il diritto di esistere e sarebbe da lungo tempo sparita dal patrimonio di pensieri e dalla memoria dell'umanità. Oggi soltanto i ciarlatani vogliono mantenerla su questo livello, per abusarne al fine di condurre i loro sporchi affari!

Una volta chiarito che il cosmopsicologo debba considerare indegno operare con concetti come destino e predeterminazione, fortuna e sfortuna, e lo rifiuti decisamente, nello stesso momento egli si assume pure il dovere di convincere anche coloro che si rivolgono a lui – perché credono di non potere più sopportare la loro "vita sfortunata" piena di "colpi del destino" – della indispensabilità di questo atteggiamento. Essi vogliono essere "difesi" dai concetti sopramenzionati ed essere "liberati" dalla pressione di tali colpi. La convinzione di potere essere redenti dalla sfortuna per mezzo della consulenza cosmopsicologica, e che porta il "malato della vita" dal "medico dell'anima", è nello stesso tempo anche la miglior garanzia che la sua fatica alla fine sarà coronata da successo.

I veri tratti caratteriali, in attesa della loro realizzazione, come anche in generale tutti i contenuti della vita, sono da considerare dati di fatto fissi; in modo analogo il raggio d'azione, in cui si svolge la vita di un individuo, forma un ambito circoscritto in sé, con limiti insuperabili. Ciò – per sottolinearlo ancora una volta – è da intendersi nel seguente modo. Nella stessa maniera in cui una persona poco dotata dalla natura non potrà mai svilupparsi in un genio, parimenti una persona che non possiede alcuna predisposizione verso l'arte non potrà mai "acquistare" un talento. Anche molti connotati fisici fanno parte della natura innata e non si fanno semplicemente eliminare o cambiare radicalmente. La misura dell'intelligenza, la presenza di un talento o di una innata malattia fisica sono senz'altro visibili dagli elementi del tema natale. D'altra parte le doti intellettuali e gli eventi della vita sono in tutte le persone per così dire in equilibrio. Anche la più semplice struttura dell'esistenza, per es. suddivisa in sfera spirituale, ambito sociale e materiale, vita emotiva e sentimentale e salute, fa apparire questi quattro piani della vita nello specchio del tema natale in un reciproco rapporto rigorosamente proporzionato. Colui che possiede doti intellettuali straordinarie ed imposta la propria esistenza in conformità ad esse (accento sulla metà inferiore dell'oroscopo tramite la presenza di più pianeti, VIII e IX campo in segni intellettuali come Scorpione, Capricorno, Acquario o Pesci, secondo il tipo di intelletto dell'individuo) ha quasi sempre da lottare con difficoltà materiali (debole presenza nella metà superiore dell'oroscopo, il II campo senza pianeti in un segno "poco pratico" come ad es. Cancro o anche Pesci, Giove in posizioni sfavorevoli, soprattutto nel segno del Capricorno). Una costituzione robusta (il VI campo nel resistente segno del Capricorno o nel vitale segno del Leone) con una corrispondente tendenza all'espressione fisica della vita (Giove, che fra l'altro simboleggia la gioia di vivere, nell' "esaltante" segno solare del Leone) mal si concilia, da parte sua, con l'introspezione (debole presenza nella metà inferiore dell'oroscopo; I, II, IV, V e IX campo senza pianeti).

Se i basilari dati di fatto e le forze creative di una unica esistenza contano insieme cento possibilità, allora un tema natale, che rispecchi un'esistenza caratterizzata da un equilibrio fra tutti i dati di fatto presenti e tutte le forze creative, un'armonia interiore ed esteriore, dovrebbe mostrare un'equa distribuzione degli elementi dell'oroscopo in questione in un rapporto di uno a quattro per ognuno dei quattro piani della vita. Ma nello stesso modo in cui solo raramente esiste un perfetto equilibrio fra raggio d'azione interno ed esterno, fra introspezione e affermazione esteriore nei confronti dell'ambiente, così anche un perfetto equilibrio fra i quattro livelli dell'esistenza rimane sempre un "caso ideale". Se l'accumulo dei pianeti in una certa parte dello Zodiaco, e perciò anche in uno dei dodici campi del tema natale, accentua fortemente la "spiritualità", la parte opposta dell'eclittica colpisce altrettanto per la completa inesistenza di un qualche elemento importante, e soprattutto il II campo vuoto indica la mancanza di "materialità". Se dalle cento forze creative e dati di fatto esistenziali cinquanta si distribuiscono sulle possibilità sociali e venti su quelle spirituali, per la salute e la vita affettiva restano soltanto trenta possibilità. In tanti temi natali non appaiono affatto indicazioni per l'uno o l'altro ambito della vita. Così a persone che ricoprono una posizione influente nella società, che vivono un armonico rapporto matrimoniale e che sono anche persone intelligenti, potrebbe mancare la salute. Le variazioni di questa "distribuzione proporzionata" delle possibilità di vita e forze creative assegnate sono praticamente innumerevoli. In questo senso nessun tema natale è uguale ad un altro, come alla fin fine non esiste alcun individuo che rappresenta il perfetto sosia di un altro. Alla luce della quadripartizione delle possibilità di vita, appaiono naturalmente prima di tutto le pagine problematiche di un'esistenza. Il piano della vita a cui si riferiscono la maggior parte dei conflitti può già essere appurato nella prima fase della ricerca cosmopsicologica.

Per quanto riguarda la suddivisione in parti uguali degli indizi oroscopici nei menzionati quattro piani della vita, da cui si dovrebbe dedurre un'esistenza armonica, l'esperienza insegna che, proprio al contrario, in tali casi si tratta di un individuo nella cui vita equilibrio non significa in nessun caso armonia. Poiché una suddivisione ideale degli elementi oroscopici indica in realtà una stasi, cioè una mancanza di tensioni e contrasti interiori. Manca la problematicità e, dove non c'è problematica, la vita diviene monotona, incolore, povera di capacità impressive ed espressive. La statistica mostra infatti che temi natale con una suddivisione da considerarsi teoricamente in linea di massima "ideale" dei singoli elementi oroscopici, corrispondono a individui semplici o privi di problemi che conducono una grigia esistenza sia a causa della loro attività professionale, come per es. operai in fabbrica che tutti i giorni eseguono lo stesso lavoro, o grazie ad una sicurezza materiale a cui sono giunti per via di un'eredità, quindi senza guadagni propri, e che permette loro di vivere spensieratamente senza preoccupazioni e senza combattere. Dei temi natali di tali persone si può dire che essi assomigliano ad un "foglio in bianco" su cui non sta scritto semplicemente niente e perciò non può essere "letto" niente.

Come si presenta diverso il tema natale di una persona complicata, problematica, straordinaria! Già dal primo sguardo colpisce la varia rappresentazione grafica dello schema oroscopico. Il cosmopsicologo dovrà passare molte ore nella massima concentrazione di tutte le sue forze interpretative, prima di riuscire a delineare, dalle tante deduzioni possibili, un profilo psicologicamente attendibile ed abbastanza chiaro.

In ogni tema natale i principali tratti caratteriali vengono indicati in prima linea dalla posizione del Sole in uno dei dodici segni zodiacali; il temperamento, la costituzione fisica, l'atteggiamento e le reazioni della persona nelle diverse situazioni della vita sono tendenzialmente indicate innanzitutto tramite l'Ascendente.

Poiché oggi si fa un grandissimo abuso delle osservazioni caratterologiche basate sulla posizione del Sole nell'uno o nell'altro segno zodiacale nonché delle fittizie previsioni di eventi in forma di oroscopi del giorno e della settimana dedotte da tali osservazioni (oroscopi di cui i giornali e le riviste sono stracolme), deve essere qui esplicitamente constatato che deduzioni sulla base della posizione del Sole hanno soltanto un generico significato tipologico, mentre indicazioni su determinati sviluppi che si ricollegano a questa generica tipologia sono completamente errati. Al massimo si tratta di vaghissimi punti d'orientamento per certe tendenze che sono tipiche del corso della vita dei nati sotto lo stesso segno zodiacale. Solo il tema natale personalizzato che si basa su dati esatti (ora, giorno, mese, anno e luogo) è in grado di offrire elementi veramente utili al chiarimento degli eventi individuali.

La caratteristica generale del tipo zodiacale serve alla ricerca del cosmopsicologo consulente in primo luogo solo come punto di riferimento. Spesso però gli serve molto poco o non gli serve affatto quando constata subito all'inizio che il tipo indicato dalla posizione solare in verità appare modificato dalle caratteristiche decisive di un altro segno zodiacale e soprattutto quando in quest'ultimo segno si trovano più pianeti, cioè uno *stellium* (un accumulo di pianeti). La distribuzione dei dodici segni zodiacali in rapporto ai dodici campi fornisce in linea di principio la prima indicazione sulla natura del carattere e del temperamento; le posizioni dei pianeti in rapporto ai segni zodiacali e ai campi, nonché all'Ascendente, completano un quadro rudimentale. Le relazioni tra segni zodiacali, campi e pianeti ricevono un maggior completamento, in qualità di materiale interpretativo, attraverso i cosiddetti aspetti o distanze fra i vari elementi oroscopici. Solamente tutte queste indicazioni messe insieme rendono possibile il progetto di un esauriente profilo psicologico.

Per una migliore comprensione di quanto sopra seguono alcuni esempi che riguardano l'interpretazione sintetica dei tre principali elementi dell'oroscopo nel loro rapporto reciproco: posizione del Sole, segno zodiacale, Ascendente, campi [3].

SOLE IN TORO / ASCENDENTE IN ARIETE
(per le ore di nascita fra le 3:30 e le 5:50 del tempo dell'Europa Centrale)

L'apparenza esteriore è caratterizzata da freschezza e flessibilità giovanili. Spesso queste persone danno l'impressione di essere più robuste e più alte di quanto in realtà siano. Essi dispongono di considerevoli energie vitali, che però tendono a sopravvalutare. Hanno sempre bisogno di sentire una resistenza per potersi ribellare contro di essa. Essi si mostrano come ribelli testardi ed ostinati che cercano di sottomettere e dominare gli altri. Malgrado il loro grande entusiasmo e forte volontà manca però molto spesso la perseveranza e la logicità. Alle donne di questo genere appartengono le rappresentanti più attive del loro sesso, che impongono i loro progetti in modo decisivo e senza riguardi, spesso spinte da un dispotismo ancora più deciso degli uomini dello stesso tipo. Oltre a questa generica caratteristica è da notare in particolare che lo sviluppo delle energie vitali a volte serve ad un'aggressiva conquista del benessere senza riguardo alcuno, con la tendenza a sfruttare tutte le persone che potranno in un modo o nell'altro contribuire a raggiungere questa meta. In altri casi si può trattare di individui i cui problemi sociali emergono in primo piano. I loro tentativi di stabilire principi d'ordine sociale oppure di realizzare questi principi, partono da riflessioni assolutamente concrete e badano innanzitutto alle semplici esigenze della vita. Anche le questioni puramente spirituali e religiose vengono osservate, in un certo senso, dal punto di vista pratico. Oliver Cromwell può servire da esempio per questo carattere.

SOLE IN CANCRO / ASCENDENTE IN GEMELLI
(per le ore di nascita fra le 2:30 e le 4:00 del tempo dell'Europa Centrale)

La flessibilità fisica e la varietà degli interessi intellettuali si pongono in contrasto alla ristretta prospettiva con la quale viene osservato il mondo e con la tendenza a perdersi in dettagli quando si riflette e quando si agisce, offuscando ulteriormente la visione d'insieme. Il carattere è instabile. Umori e stati d'animo cambiano altrettanto spesso degli interessi, spirituali o d'altro tipo. Potrà mancare la stabilità di una professione, ma questo non significa una situazione economica insoddisfacente. E' probabile che ci siano contemporaneamente più fonti di guadagno, e non mancherà il benessere materiale. Spesso si possono riscontrare senso estetico e predilezione per oggetti di valore, nella maggior parte dei casi oggetti antichi per i quali viene speso anche molto denaro. Di tanto in tanto possono anche verificarsi costosi rapporti amorosi che però non durano a lungo, né sono profondi. Le prospettive matrimoniali sono piuttosto sfavorevoli; gli uomini dovrebbero preferibilmente astenersi dal matrimonio piuttosto che fondare una famiglia. Vi è altrimenti pericolo di separazioni e divorzi; questo vale in generale anche per le donne. Da un matrimonio in sé e per sé non del tutto armonico possono nascere in maggioranza discendenti di sesso femminile.

SOLE IN SAGITTARIO / ASCENDENTE IN VERGINE
(per le ore di nascita fra le 0:30 e le 2:00 del tempo dell'Europa Centrale)

La posizione del Sole nel segno gioviano del Sagittario contribuisce a potenziare al massimo tutte le corrispondenze positive dell'Ascendente in Vergine; inoltre il Sole si trova quasi sempre nel IV campo, indicando fra l'altro in questa combinazione i vantaggi provenienti dalla severa educazione paterna che si dimostrerà positiva nel successivo sviluppo e nella realizzazione della vita. Comunque si tratterà soltanto di rado di personalità veramente di spicco dal punto di vista spirituale; l'onestà e l'attendibilità di questi soggetti sarà tuttavia assai grande. Insieme ad altri individui il cui tema natale mostra l'Ascendente in Vergine, ma con diversa posizione solare, queste persone potranno contare di avere forse maggiori possibilità di trovare un compagno di vita adatto. Il loro matrimonio è per lo più armonico, anche se un poco monotono e spesso senza figli. Per quanto riguarda la professione, queste persone sono adatte a tutte quelle attività che richiedono una certa cultura oppure una formazione tecnica, oppure anche rapporti con la letteratura e la scienza.

SOLE IN ACQUARIO / ASCENDENTE IN PESCI

(per le ore di nascita fra le 7:30 e le 10:00 del tempo dell'Europa Centrale)

La vita è dominata dall'emotività incontrollata e da variabili stati d'animo. Nell'intimo regna una grande confusione di desideri di affermazione e di complessi d'inferiorità. Gli ostacoli sono estremamente grandi e impediscono spesso perfino le azioni più irrilevanti. La vita sessuale è dominata da una fantasia caratterizzata da immagini morbose. Spesso si notano perversioni sessuali. La realizzazione della vita è collegata sotto ogni punto di vista a grandissime difficoltà. Ben spesso devono essere preferite posizioni subalterne che richiedono un lavoro meccanico e che non caricano queste persone di responsabilità né li coinvolgono fino in fondo.

Lo schema psicologico – nato applicando i criteri già esposti in precedenza agli esempi di cui sopra – viene, come già detto, completato dalle corrispondenze proprie dei pianeti. Accanto all'evidenziarsi di molti dettagli e sfumature che si riferiscono alle varie circostanze della vita ne risulta una "accentuazione" oppure un "affievolimento" dei vari tratti caratteriali e dati di fatto esistenziali. Le debolezze appaiono perciò più pronunciate oppure più moderate, i contrasti più attenuati oppure più acuti. Alcune indicazioni planetarie conferiscono inoltre a certe caratteristiche caratteriali una nota particolare ed unica.

Temi natali che mostrano un grafico oroscopico insignificante possono essere analizzati, dal punto di vista caratterologico, in un tempo relativamente breve. Quanto più complicato si presenta il quadro dello schema oroscopico, tanto più marcata, complessa e per lo più anche problematica sarà la personalità a cui si riferisce. Allora al cosmopsicologo consulente si presenterà un compito assai arduo. Spesso non gli riuscirà di delineare un profilo psicologico ineccepibile anche dopo molte ore di lavoro, a parte il fatto che non potrà prescindere di ricorrere al metodo psicanalitico per una tale analisi.

Rendersi conto dei contenuti essenziali dati e delle corrispondenti forze creative significa chiarire carattere e temperamento, tipo e grado di intelligenza, capacità e talenti, natura dei sentimenti e tendenze delle più alte aspirazioni, bisogni dell'istinto sessuale e, non ultimo, condizioni della costituzione fisica. Ogni conseguente indagine cosmopsicologica deve iniziare con l'interpretazione e la valutazione delle indicazioni a cui si riferiscono tutti questi fattori. La determinazione dei criteri di comportamento e delle direttive di massima sarà possibile solo sulla base del contenuto d'insieme della diagnosi cosmopsicologica; questi dovranno contribuire alla realizzazione delle corrispondenze più rilevanti e cioè alla vera prognosi, la quale fornisce risposte a domande che l'oggetto stesso della ricerca per lo più non è in grado di trovare.

Appena terminata l'analisi caratterologica sulla base del tema natale, il cosmopsicologo consulente può infatti rendersi conto della vera problematica di un'esistenza e dell'origine di specifici motivi di conflitto, per poi (con un chiaro profilo psicologico della persona in questione) procedere alla prognosi, cioè indicare strade e mezzi che possono eliminare le difficoltà esistenziali così scoperte. In generale, la diagnosi richiede un'esperienza molto più grande e un'attività intellettuale più concentrata della prognosi. Questo fatto si spiega in considerazione della natura dell'indagine cosmopsicologica stessa e del modo in cui si perviene, sulla base di un tema natale, al chiarimento, alla valutazione ed alla penetrazione dei tratti caratteriali, delle predisposizioni e delle forze creative di un individuo.

I seguenti esempi, tratti dalla vita, dovrebbero dimostrare a quali concrete constatazioni possa portare una precisa indagine cosmopsicologica, quali sorprese possa talvolta presentare e come l'astrologo consulente debba comportarsi diversamente da caso a caso, in modo che la sua fatica non sia vana. E' evidente che nell'ambito di questo breve saggio possono essere esposti e presi in considerazione solo motivi particolarmente tipici, la cui corrispondenza con la vita reale si trovi in sintonia con una serie di deduzioni presentate dal tema natale; tale tema può inoltre offrire particolari secondari dell'esistenza.

Il seguente profilo psicologico, che corrisponde al tema natale di una persona nata a Berna il 9 settembre 1901 potrà utilmente servire di esempio per una diagnosi astrologica (4).

Esempio n. 1

Il Sole in campo V in Vergine vicino a Mercurio e Venere, quest'ultima nel segno della Bilancia, e l'Ascendente nei Gemelli congiunto a Plutone fanno capire senza alcuna difficoltà che si tratta di una persona di intelligenza superiore alla media, considerando soprattutto la natura mercuriale di ambedue i segni della Vergine e dei Gemelli. Come analogie dei Gemelli abbiamo: acuta osservazione, varietà di interessi, eloquenza. Le corrispondenze negative di questo segno sono: carenza di concentrazione ed impazienza. Fra le analogie del segno della Vergine rientra soprattutto in modo preponderante la capacità di pervenire alla sintesi per mezzo dell'analisi nel campo di un'attività intellettuale, probabilmente letteraria, con forti tendenze artistiche date dalla posizione di Venere in Bilancia. Gli elementi negativi sono costituiti dalla dispersione dei pensieri, un forte egocentrismo con una inibita capacità di espressione dei sentimenti. Già queste indicazioni sono sufficienti per rendersi conto della problematica della persona in questione. I conflitti interiori si manifestano attraverso il contrasto fra oggettività e soggettività, lo scontro fra la spinta verso l'estroversione e la tendenza al raccoglimento interiore, fra mancanza di concentrazione e un sistematico metodo di lavoro. La ricca distribuzione dei pianeti nella metà inferiore dell'oroscopo fa dedurre che si tratta di una persona spiccatamente introversa e spirituale. In conflitto a questa condizione basilare dell'esistenza vengono indicate, attraverso l'Ascendente in Gemelli, socievolezza e comunicatività. Quest'ultimo segno corrisponde anche ad una mobilità generale, mentre il tipo Vergine tende ad una vita piuttosto sedentaria. Il nativo della Vergine è diffidente, egocentrico, timido; è carente di presenza di spirito ed ama la solitudine; il tipo Gemelli invece è credulone ed espansivo. Da questi contrasti possono originare conflitti con il mondo esterno che non sono da sottovalutare. Il doppio accento della componente mercuriale nel tema di natività (Vergine/Gemelli) esclude la passionalità e l'impulsività nella vita affettiva. Gli impulsi del cuore sono continuamente soggetti al controllo della ragione, il che favorisce un atteggiamento inibito nei confronti dell'altro sesso. D'altra parte la forte accentuazione del V campo indica un pronunciato bisogno d'affetto e un desiderio d'armonia. Mancano invece indicazioni per la fondazione di una famiglia nel senso comune della parola; anzi, le prospettive matrimoniali devono essere valutate alla luce del Sagittario (segno di divorzio e di celibato), nel quale si trova la punta del VII campo, quest'ultimo riferentesi al matrimonio. Il V campo occupato da tre pianeti (e così indicando una numerosa discendenza), può essere considerato, viste le sfavorevoli corrispondenze per la famiglia ed il matrimonio, soltanto come una indicazione per "eredi spirituali". Il fatto che esista un'eredità spirituale risulta fra l'altro dalla situazione dell'VIII campo in cui si trova Saturno, "l'esecutore del destino", nel segno del Capricorno.

Senza dubbio questa vita che abbiamo appena tratteggiato appare caratterizzata da vari elementi discordanti e contrastanti che necessitano di essere riequilibrati. Anche i tratti caratteriali richiedono correzioni, se si vuole raggiungere come obiettivo finale l'armonia e la purificazione spirituale.

Per raggiungere il massimo equilibrio interiore possibile e allo scopo di evitare conflitti con il mondo esterno, il cosmopsicologo ritiene di dovere dare qualche consiglio che si presenta a grandi linee nel modo seguente: quotidiani esercizi di concentrazione e di volontà che possono al meglio essere effettuati assumendosi lavori e compiti che provocano una resistenza interiore ma che d'altra parte richiedono un'esecuzione particolarmente accurata. Sublimazione del bisogno d'affetto tramite la rinuncia a legami individuali e trasferimento delle pulsioni sentimentali su una comunità, cioè partecipazione oppure collaborazione ad un'opera sociale, soprattutto nell'ambito dell'assistenza ai giovani. Per quel che riguarda l'attività creativa svolta su un piano scientifico-letterario, si dovrebbe cercare l'equilibrio fra una forma artistica e la chiarezza mentale.

Dal momento che il tema natale non può più essere acriticamente accettato come la proiezione di un destino inevitabile ma serve come immagine di riferimento psicologico, non esistono "deduzioni fatalistiche" né nella diagnosi né nella prognosi cosmopsicologica. Un motivo caratteristico che appare sotto una certa luce in un tema natale non dovrà perciò necessariamente trovare un perfetto compimento nella realtà della vita. La sua realizzazione può essere attivata dall'impiego del libero arbitrio oppure, se si tratta di una corrispondenza negativa, può essere "tamponata" nei suoi effetti e talvolta essere perfino "rovesciata" nel suo contrario. A questo riguardo, proponiamo tre esempi in tal senso.

Esempio n. 2

Marte in Ariete e nel XII campo corrisponde fra l'altro, secondo la comune interpretazione, all'esilio dalla patria oppure all'espulsione da un paese straniero. Il motivo dell'esilio e dell'espulsione potrebbe non prender mai una forma concreta e potrebbe rimanere, per così dire, un pericolo latente, la cui minaccia presenta spesso però le stesse ripercussioni psicologiche come se si trattasse di una emigrazione od espulsione effettiva. Un giurista ungherese riuscì, dopo ripetuti tentativi, a fuggire in Austria. Dopo di ciò non fu capace di stabilirsi da nessuna parte. Il tema dell'emigrazione diventò per lui un decisivo tema di vita con il risultato che alla fine preferì ritornare in patria, non nutrendo alcuna illusione su ciò che l'aspettava. Questo atto di volontà era equivalente al suicidio, altro motivo dominante nel suo tema natale e che si esprime nella posizione della Luna nell'VIII campo in Capricorno.

In questo caso la consultazione cosmopsicologica si svolse in modo del tutto negativo. Come conseguenza del costante girovagare da un paese all'altro, il disgraziato aveva sviluppato una forma di ossessione da cui forse uno psichiatra avrebbe potuto liberarlo; ma egli rifiutò il consiglio di affidarsi ad uno psichiatra e preferì abbandonarsi al suo destino.

Esempio n. 3

Il paziente, anche questo con Marte in Ariete in XII campo del tema di natività, soffrì per tutta la vita a causa della tirannia del padre, il quale lo trattava ancora come un minorenne anche dopo avere raggiunto i 50 anni. Per plausibili motivi una vera fuga non era pensabile (eccezion fatta per un tentativo fallito all'età di 14 anni). Ma tutti i pensieri ed emozioni di questa persona erano

71

dominati dal pensiero del distacco dalla casa paterna. Il matrimonio allo scopo di fondare la propria famiglia portò ad un asservimento ancora più pesante invece che alla sperata liberazione dalla tutela del padre, poiché la moglie diventò dopo poco tempo un docile strumento del suocero e si adattò alla sua richiesta di rimanere sul podere e di condurre qui una vita matrimoniale all'ombra del padre. Il padre sopravvisse di alcuni anni al figlio, la cui nostalgia per le terre lontane rimase letteralmente fissata sulla carta, in una vasta corrispondenza con tanti amici sparsi per i cinque continenti.

Soltanto un'aperta ribellione avrebbe aiutato l'uomo a raggiungere la libertà. Non poteva decidersi ad un simile passo, in quanto temeva di rovinarsi senza il sostegno paterno. Il suo complesso di inferiorità risultò inguaribile perché non si lasciava convincere che possedeva le capacità necessarie per potersi assicurare una posizione indipendente.

Nel seguente caso, in cui il tema natale mostra la stessa posizione di Marte dei due precedenti, la consultazione cosmopsicologica ottenne un pieno successo anche se si trattava di una forma di "prigionia" che significò, per la persona in questione, un peso psichico estremamente grande, esprimentesi fra l'altro nel fatto che il tema natale non aveva soltanto Marte ma anche il Sole nel XII campo.

Questo caso è molto indicativo sotto un certo aspetto. Come già accennato, tutti gli elementi oroscopici, anzi tutte le parti "bipolari" del tema natale – positivo e negativo, "bene" e "male" e le loro reciproche caratteristiche – in un certo senso si colorano a vicenda; cioè due segni che si trovano uno di fronte all'altro indicano sì un contrasto, ma nello stesso tempo presentano anche l'uno le caratteristiche dell'altro nelle reali corrispondenze della vita. Così per es. qualche cosa delle caratteristiche del tipo Bilancia si trova in ciascun nato sotto il segno dell'Ariete e viceversa, e così per tutti i segni zodiacali: Toro/Scorpione, Gemelli/Sagittario,

Cancro/Capricorno, Leone/Acquario, Vergine/Pesci. E nello stesso modo in cui esistono sentimenti umani che in certe circostanze possono ribaltarsi nel loro contrario (l'odio diventa amore, la simpatia diventa antipatia, l'arroganza diventa umiltà etc.), altrettanto è insita in ogni elemento oroscopico la stessa ambivalenza. Spesso elementi "negativi" ricevono una corrispondenza "positiva" nella vita reale tramite un'azione del libero arbitrio; è possibile anche il contrario. Il principio di bipolarità si esprime molto esplicitamente nelle corrispondenze dei segni zodiacali e dei pianeti, che permettono non soltanto una interpretazione "negativa" oppure "positiva" bensì lasciano aperte anche possibilità in se stesse contrastanti, soprattutto nelle corrispondenze "superiori". In questo senso il XII campo corrisponde fra l'altro, nella comune interpretazione, a "ostacolate circostanze di vita". Le sue analogie sono quindi il sequestro di persona, la solitudine, il soggiorno in ospedale ecc. Nel caso in cui il Sole si trovi in questo campo ed inoltre in un segno "attivo" di fuoco (Ariete, Leone, Sagittario) è pensabile un isolamento forzato da parte della persona in questione all'interno della società. Un tale destino è inevitabile? Il cosmopsicologo esperto, che conosca più casi del genere, potrà quasi sempre rispondere negativamente a questa domanda. Partendo dal principio che tutto si può cambiare nel suo contrario, si deve presumere che ci sia una scappatoia anche da un isolamento forzato. Con l'aiuto di un'azione di libero arbitrio si deve mirare verso "l'altro estremo", a seconda delle analogie; questo significa scuotersi di dosso il giogo con una violenta ribellione e con la conquista della piena libertà. Nei casi in cui non appaiano "ripensamenti morali" e non ci siano ostacoli di natura esteriore (come per es. scontare una pena, immobilità fisica a causa di una malattia inguaribile e simili) un improvviso spezzare le catene può rompere l'accerchiamento e portare la vittoria sul "destino" che indicava il contrario in modo presumibilmente inevitabile.

Esempio n. 4

La paziente trentaduenne, il cui tema natale evidenziava Marte e Sole nel segno dell'Ariete in dodicesimo campo, chiarì all'inizio del consulto che ricopriva una sicura posizione sociale e che la sua condizione materiale era estremamente soddisfacente. Si lamentava, al contrario, dell'insopportabilità dell'ambiente in cui doveva vivere e lavorare. Si trattava di una famiglia in possesso di una grande impresa industriale che era stata fondata parecchi decenni prima dal nonno della paziente. Suo padre si era ritirato dagli affari dopo la morte della moglie e da allora viveva in campagna. La direzione della fabbrica era nelle mani del fratello trentenne della paziente mentre essa stessa era impegnata nel servizio esterno dell'impresa. Il padre dispotico con la mentalità di un provinciale ed il caparbio fratello – a cui però non mancavano atteggiamenti ed idee cosmopolite, ma che tuttavia teneva molto alla tradizione di famiglia (ed in questo si distingueva appena dal padre) – opponevano sistematicamente resistenza contro ogni tentativo fatto dalla giovane donna di assicurarsi una certa libertà di movimento. Ella doveva rendere conto ai parenti di ogni passo che faceva, non poteva coltivare alcun rapporto con persone che, per l'uno o l'altro motivo, non fossero loro gradite e si vedeva, se mai, posta davanti alla prospettiva di sposare solamente un uomo che le sarebbe stato proposto dal padre o dal fratello nel momento che essi avrebbero ritenuto opportuno. Inoltre la sua situazione si presentava particolarmente opprimente per il fatto che la famiglia viveva in una piccola città ed era nota dappertutto. Il tema natale a questo riguardo non poteva essere più eloquente. Esso rispecchiava inequivocabilmente l'immagine della "gabbia d'oro" in cui viveva la paziente. Il pensiero di un matrimonio che, sotto diverse circostanze, forse sarebbe stato auspicabile, provocava soltanto disagio. Le sarebbe stato appena consigliabile. Alla luce del tema natale ogni matrimonio d'amore minacciava di diventare una grande illusione e delusione e un matrimonio di convenienza, come ideato dai parenti, doveva invece condurre inevitabilmente al divorzio. Ad un primo sguardo sembrava che non ci fosse nessuna scappatoia. Non c'era nulla che potesse risparmiare alla paziente il destino di una vecchia zitella, magari con la conclusione finale di trascorrere gli ultimi anni della vita in un convento. Per uscire da questo vicolo cieco questa giovane donna piena di vita e di temperamento non aveva altra soluzione che di... capovolgere le corrispondenze del suo tema natale! Una ribellione contro l'ambiente prometteva in questo caso un pieno successo. Le direttive di comportamento che erano più adatte si possono riassumere all'incirca come segue.

Dopo essersi assicurata i necessari mezzi di sopravvivenza per il futuro in modo tale da escludere ogni sfavorevole cambiamento, la giovane signora doveva abbandonarsi senza remore alla vita mondana in una grande città e farsi spesso vedere in pubblico in compagnia di giovanotti. Si trattava – in altre parole – di provocare situazioni e circostanze che dovevano nutrire fantasiosi pettegolezzi sul "comportamento scandaloso" della giovane mentre la sua "vita immorale" rimaneva in verità soltanto una messinscena. Lo scandalo doveva possibilmente destare scalpore e portare alla rottura con il padre ed il fratello. Con ciò si intendeva liberare la giovane dalla schiavitù morale del suo attuale ambiente e darle la certezza che non doveva affatto finire come una "vecchia zitella in una gabbia d'oro"; tanto più che le conseguenze di un brusco distacco dalla vita attuale sembravano meno preoccupanti della prospettiva di essere condannata a spegnersi lentamente in un ambiente senza comprensione.

Fra i tanti elementi di cui si compone l'uomo vivente, simile ad un mosaico di una creazione fisiologica, sociale, morale e spirituale, ci sono in ogni esistenza – e il tema natale offre, di questo, inequivocabili riferimenti – alcune tendenze dominanti che – simili al motivo conduttore di una sinfonia – diventano ripetutamente il concreto contenuto della realtà, in forma di azioni oppure di eventi. Tali motivi conduttori, come abbiamo già visto, possono prendere forma di generazione in generazione, possono ripetersi in linea discendente presso vari membri della stessa famiglia. Ma si possono anche ripetere all'interno di una singola esistenza; in questo caso però su vari piani della vita. Appaiono nel tema natale accentuati fra l'altro da posizioni di rilievo di importanti pianeti nell'oroscopo, da significativi collegamenti fra pianeti e così via. La manifestazione di questi motivi conduttori su vari piani della vita si svolge normalmente con la stessa cronologia dei piani dello sviluppo dell'essere umano stesso. Nell'infanzia e nella prima giovinezza questi motivi conduttori si esprimono principalmente su una sfera puramente fisica; nella mezza età, siccome è il momento di mettere ordine nella propria vita e di rinforzare i rapporti con il mondo esterno, nel tema natale li troviamo quasi esclusivamente nella soluzione di problemi morali e sociali. L'uomo che invecchia distoglie man mano lo sguardo dal mondo esterno, in sintonia col progressivo sviluppo e la crescente maturazione, per rivolgerlo verso il proprio intimo. La sua vita si innalza su un piano spirituale (anche in uomini primitivi) e lì il motivo conduttore del tema natale trova poi le sue corrispondenze. Segue un caso preso dalla vera esperienza di vita.

Esempio n. 5

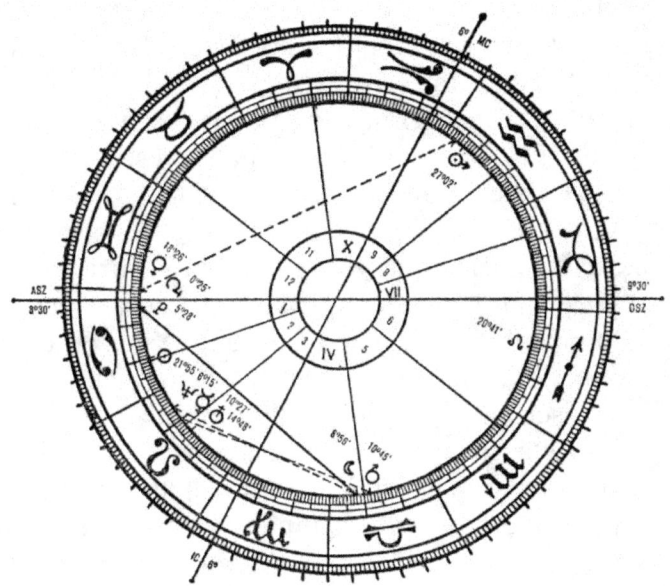

Il tema natale di una persona di sesso femminile nata il 15 luglio 1918 alle ore 2:50 esprime il motivo conduttore tramite tre elementi oroscopici: 1. Urano in Acquario in IX (grandi viaggi, segnati da incidenti; improvvise svolte spirituali). 2. Luna congiunta a Marte in Bilancia in V (precoce maturazione erotica; impulsi incontrollati; azioni precipitose, in specie nel quadro di iniziative basate su sottostanti motivi erotici). 3. Sole e Nettuno in II, con Nettuno in Leone (magnanimità e disponibilità all'aiuto, che possono essere oggetto di sfruttamento).

La persona in questione è nata il 15 luglio 1918 alle ore 2.50. A undici anni fu vittima di un infortunio che accadde durante il tragitto verso l'America. Giocando con un coetaneo, cadde giù da una scala e si ruppe una gamba. Nella primavera del 1942, in seguito agli eventi bellici, fu costretta a fuggire dalla sua città natale. Nel corso del viaggio in treno fece conoscenza con un uomo. Durante un attacco aereo i viaggiatori dovettero abbandonare il vagone in un importante punto nodale. L'allora ragazza ventitreenne rimase alcune ore in un rifugio in compagnia della sua nuova conoscenza. Poco dopo l'arrivo a destinazione, dove anche lui cercò rifugio, ella, presa da un impulso imprevedibile, diventò la sua amante. Durante la consultazione ammise di avere agito fondamentalmente contro il suo vero sentimento e di essere stata vittima di una seduzione. Alla caduta "fisica" a nove anni fece seguito la caduta "morale" a ventitré anni. Da questo momento in poi la donna condusse una vita movimentata e si autodefinì un "essere immorale", il che in realtà non era affatto vero. A trentasei anni (1954) si vide di nuovo minacciata da una "caduta", stavolta più profonda, su un piano "spirituale". Avrebbe dovuto lavorare per il servizio segreto di una nazione straniera. Proprio quando era pronta a fare il passo decisivo, entrò per caso in contatto con un cosmopsicologo. Senza dubbio non c'era altra salvezza se non rovesciare nel contrario il motivo conduttore della sua vita, la "caduta". Lei si lasciò convincere. Da quel momento in avanti ha lavorato per una istituzione umanitaria.

In tali ed altri casi le corrispondenze del motivo conduttore che si riferiscono a vari piani della vita devono essere considerate come *probabili possibilità*. Nel caso specifico, la caduta "fisica" non poteva essere evitata con l'aiuto di una consultazione tempestiva e piena di comprensione, però il convincente monito di una caduta "morale" avrebbe senza dubbio risparmiato alla donna molte disillusioni e preoccupazioni. Trattando tali casi, l'attività del cosmopsicologo consulente manifesta in modo inequivocabile la parentela con la funzione di un pastore di anime, il che non deve affatto significare che il primo intende spodestare quest'ultimo dal suo naturale ambito d'azione. Questa possibilità della consulenza cosmopsicologica contribuisce piuttosto al fatto che ultimamente moltissimi sacerdoti si dedicano agli studi astrologici.

Il principio musicale del processo esistenziale, che si esprime nei motivi conduttori ripetuti su vari piani della vita, si evidenzia anche, sotto un altro punto di vista, durante il chiarimento cosmopsicologico di un singolo destino. Ogni esistenza appare, nello specchio del tema natale, simile ad una sinfonia di uno spartito con una nota dominante oppure a questi accordata: una vita in Do minore, in Mi maggiore ecc. Nel corso della realizzazione di una vita questa nota di base risuona continuamente ed influenza, in un certo senso, l'efficacia delle rispettive corrispondenze dei ritmi planetari, determinando la loro intensità in modo più forte o più debole. Il cosmopsicologo esperto riconosce la nota fondamentale di una vita dagli elementi del tema natale. Le tendenze delle corrispondenze dei vari avvenimenti ed esperienze, importanti per il successivo svolgimento della vita, si possono invece rilevare dal cosiddetto oroscopo progressivo che viene dedotto esaminando i cambiamenti delle configurazioni partendo da un qualsiasi compleanno (5).

I pianeti si muovono lungo lo Zodiaco con vari ritmi a seconda della loro grandezza, gli uni più veloci degli altri, da un segno all'altro. Così la Luna rimane in un segno soltanto due o due giorni e mezzo, Saturno invece abbisogna (considerando i periodi della cosiddetta retrogradazione) più di due anni per percorrere 30° dell'eclittica. A causa di questi movimenti planetari si verificano rapporti mutevoli fra la specifica posizione dei pianeti al momento della nascita e la loro posizione in un momento successivo. Supponiamo che in un tema natale il Sole si trovi a 15° in Ariete e Saturno a 15° in Sagittario. Saturno necessita di circa 29 anni per percorrere l'intero Zodiaco. Perciò deve logicamente ritornare in un certo rapporto di distanza con la propria posizione originaria indicata dal tema natale (15° in Sagittario) e con la posizione originaria degli altri pianeti, incluso il Sole (15° in Ariete). Sono importanti soprattutto i seguenti rapporti di distanza (transiti): 60° (sestile), 90° (quadrato), 120° (trigono) e 180° (opposizione). Abbiamo inoltre la cosiddetta congiunzione (0°) cioè l'incontro di due pianeti nello stesso punto dell'eclittica. Le probabili tendenze degli eventi della vita vengono indicate da questi aspetti, che si ripetono nei diversi periodi, fra posizioni planetarie dell'ora di nascita e posizioni dei pianeti in "rivoluzione". Queste corrispondenze possono farsi notare in diverse sfumature a seconda della dominante nota di base della vita, rintracciabile con l'aiuto del tema natale. In linea di principio, si possono per es. accusare "oscuri stati d'animo" nel momento di una congiunzione di Saturno in rivoluzione con il Sole natale, si devono perfino temere circostanze tragiche se il tema natale rivela, in generale, una nota di base difficile. Lo stesso transito potrebbe indicare corrispondenze appena avvertibili in una vita intonata ad una nota dominante più allegra. Nel primo caso si può annunciare il pericolo di una grave malattia, nel secondo si tratterà di una arrabbiatura passeggera. L'irresponsabile pseudoastrologo tende per lo più ad usare l'oroscopo progressivo per previsioni, valutando le indicazioni ivi riscontrabili in modo del tutto positivo o negativo, omettendo di considerare la nota dominante della vita, per potere così elaborare nella giusta luce la loro vera portata. In questo modo i suoi clienti creduloni ottengono o "schiaccianti messaggi catastrofici" o altrettanto estreme "promesse di buona sorte", il che non può non avere un effetto altrettanto catastrofico per il loro stato d'animo.

Esempio n. 6

Il proprietario di una fabbrica, nato il 1° aprile 1890 a mezzogiorno, proveniente da un ambiente molto modesto, aveva accumulato mediante il proprio lavoro un notevole patrimonio. L'unica ombra della sua vita era il matrimonio senza figli. Non poteva lamentarsi di nulla e non aveva alcuna preoccupazione per il futuro. Nel corso di un breve viaggio d'affari, dovette fermarsi in una città in cui non conosceva nessuno, salvo la ditta che doveva contattare. I suoi colloqui finirono già nel primo pomeriggio e non sapeva bene che cosa fare del rimanente tempo libero, prima di proseguire il suo viaggio. Mentre camminava per la città a lui sconosciuta, il suo sguardo cadde su un avviso in cui un "astrologo" magnificava la propria arte della previsione. Il sig. A., per passare il tempo, si recò nello studio del ciarlatano. L'"astrologo" si fece dare i dati di nascita e dichiarò, dopo alcuni calcoli che sembrava avesse fatto, che a causa di una «negativa costellazione di Saturno», si sarebbero radunate nuvole nere sul capo dell'uomo d'affari. Sebbene l'industriale non avesse mai creduto a «tali cose» la previsione del ciarlatano fece un grande effetto su di lui. Non ebbe più pace e rifletteva continuamente per chiarirsi donde potessero venire queste "nuvole nere". I suoi affari andavano bene, i suoi collaboratori erano validi, i suoi operai diligenti; la salute non mancava affatto, nessuna delle persone a lui vicine era minacciata da malattie o morte. Poteva accadere una qualche disgrazia inaspettata? Tormentato da pensieri oscuri di tal fatta, su consiglio di un suo amico si recò dal cosmopsicologo. Il suo tema natale, col sole al Medio Cielo nel segno combattivo dell'Ariete e l'Ascendente nel segno solare del Leone accanto a molte altre indicazioni di pari valore, era il tipico tema natale di una persona di successo. Si poteva dire che la sua nota dominante era così splendente che perfino il "punto più scuro" (il matrimonio senza figli) era completamente illuminato. Che cosa poteva significare la corrispondenza di una "cattiva costellazione di Saturno" su questo sfondo splendente? In quell'anno (1951) Saturno si trovava nei primi gradi del segno della Bilancia. Perciò questa "costellazione sfavorevole" era, in verità, una opposizione al Sole natale nel segno dell'Ariete. Nel tema natale mancava qualsiasi indicazione di tragiche complicazioni, perdite dolorose o altri colpi del destino. Il cosmopsicologo non fece alcuna fatica per tranquillizzare l'abbacchiato imprenditore: «E' stato lo stesso astrologo che, per mezzo della sua irresponsabile previsione, ha fatto venire sulla sua testa le nuvole nere. Lei è stato preoccupatissimo per alcune settimane. Con un tema natale come il suo, anche i più pericolosi transiti di Saturno si fanno sentire soltanto come una depressione psichica. Se lei avesse ricevuto meno luce all'atto della nascita, forse oggi dovrebbe fare i conti con tutte le possibili difficoltà.»

Un tema che nello studio del cosmopsicologo si presenta assai di frequente è il più o meno soddisfacente rapporto matrimoniale. Contrariamente al caso precedentemente rappresentato, il problema della mancanza di figli può acquistare, sotto un certo punto di vista, un'importanza da non sottovalutare. Da una parte la mancanza di figli non di rado diventa un motivo di divorzio; dall'altra se fra i coniugi regna la massima intesa e ambedue esprimono vivamente il desiderio di rendere la loro unione più armonica con la presenza di una terza creatura, sicuramente compare il problema, non facilmente risolvibile, dell'adozione di un bambino. L'idea che l'accoglienza di un bambino, per esempio un orfano, apra la prospettiva di gioie inaspettate è sicuramente molto allettante, e la voce del cuore copre assai spesso quella della ragione. E tuttavia l'adozione comporta senza dubbio grandi pericoli, soprattutto se si tratta di trovatelli oppure di orfani che hanno perso i loro genitori in tenera età. Ma nei casi in cui sia possibile conoscere i dati di nascita dei genitori e più esaurienti indicazioni sulla loro vita, il cosmopsicologo è naturalmente in grado di fornire un contributo estremamente valido alla soluzione del difficile problema. I genitori adottivi in questo modo possono imparare tante cose significative che altrimenti resterebbero a loro occulte. Il tema natale del bambino da adottare svela loro non solo il suo carattere nonché le capacità e talenti che possono essere suoi propri; fornisce soprattutto importanti punti di riferimento per l'educazione di una creatura alla quale non si possono applicare misure oppure paragoni provenienti dalla tradizione familiare. Una scelta di temi natali che si riferiscono a vari "candidati" può alla fine determinare anche la preferenza per l'uno o l'altro bambino a seconda dei criteri che i genitori adottivi ritengono rilevanti.

Il seguente caso di una scelta soddisfacente sotto ogni punto di vista dimostra chiaramente l'utilità della consulenza cosmopsicologica nella pratica di una adozione.

Esempio n. 7

Il signor B. è una di quelle persone che abbisognano appena di muovere un dito per vedere realizzati i loro desideri. Con una sola eccezione: il signor B. non ha figli e non può averne perché la sua compagna di vita, per natura, non è in grado di dare alla luce discendenti. Ambedue i coniugi per molti anni non volevano crederci. Dopo che la moglie si era fatta visitare dai massimi specialisti in questo campo, i quali tutti confermavano questo dato di fatto, anche l'ultima speranza svanì. Il signor B. però non voleva rassegnarsi. Col passar del tempo cominciò a manifestarsi in lui una certa amarezza, un rancore che si sfogò talvolta in forti litigi con la moglie, provocati per lo più da futili motivi. Il matrimonio era in pericolo. Quando il signor B. rifletté con calma sulla situazione, si rese conto delle vere origini della discordia familiare;

e siccome in verità era molto affezionato alla sua consorte, ogni volta si pentiva dell'accaduto e sprofondò in una cupa disperazione. In questo stato d'animo un giorno incontrò a casa di un comune amico un cosmopsicologo che doveva diventare la sua ancora di salvezza. Il signor B., nato sotto il segno dell'Ariete, correva seriamente il rischio – come accade spesso a queste persone – di perdere la sua capacità lavorativa in conseguenza dei suoi problemi psichici, e di compromettere la sua posizione sociale in tal maniera che un recupero sarebbe stato quasi impossibile. I temi natali di ambedue i coniugi indicavano chiaramente che esisteva una soluzione, una sorprendente soluzione alla quale non avevano mai pensato prima, e cioè la possibilità di adottare un orfano. Non fu facile convincere i coniugi a fare un simile passo. Quando finalmente riuscirono a superare le loro resistenze non rimaneva altro da fare che cercare un bambino adatto. La scelta fu fatta consultando il cosmopsicologo. Nel corso di un anno l'armonia matrimoniale fu ristabilita.

Anche se la mancanza di figli è un motivo di litigi matrimoniali oppure perfino di divorzio, sicuramente non è il motivo più frequente. Le cause di una insoddisfacente situazione matrimoniale non si possono schematicamente suddividere in varie categorie. Da questo punto di vista, ogni matrimonio è un caso a parte. Ultimamente si notano sempre più frequentemente separazioni e divorzi per futili motivi. Spesso si tratta di malumori passeggeri o di altrettanto passeggeri "turbamenti di sentimenti" che portano all'infedeltà. Non di rado conflitti matrimoniali sono da attribuire ad una reciproca incomprensione che risulta poi, dopo una serena riflessione e un ragionevole chiarimento psicologico, un "reciproco malinteso" etc. Talvolta una sfavorevole situazione sociale può scuotere una struttura matrimoniale, però non c'è dubbio che i divorzi sono più frequenti negli strati più abbienti della popolazione che negli strati sociali degli operai ed impiegati, ed in proporzione la frequenza più alta di queste inguaribili discordie matrimoniali si verifica nell'alta società come per es. fra i rappresentanti dell'aristocrazia finanziaria americana e nel mondo del cinema.

Esempio n. 8

Un giovane magnate dell'industria pesante entrò nello studio del cosmopsicologo esclamando le seguenti parole: «Devo sapere immediatamente se devo divorziare da mia moglie. Lei è in macchina ed aspetta una risposta.». Completamente al contrario di questo prologo eccitato, il cosmopsicologo ebbe bisogno di due settimane per chiarire le circostanze e valutarle nella loro effettiva portata, circostanze che indussero il giovane industriale a fargli visita. Il suo matrimonio durava da quindici anni. Ne erano nati quattro figli. Per i membri della famiglia non esisteva desiderio che non potesse essere soddisfatto. L'uomo (Cancro) aveva ripetutamente iniziato relazioni con altre donne, causa di discordie passeggere, senza che per questo si prendesse seriamente in considerazione il divorzio. La moglie (Vergine) indubbiamente commise continuamente il medesimo errore psicologico. Ella credeva di legare tanto più strettamente a sé il marito quanto più lo assillava con dimostrazioni d'amore. Costò molta fatica per farle capire che la permanente preoccupazione per il marito diventò a lungo andare una specie di schiavitù. A sua volta ella si lamentò del fatto che lui non le desse una illimitata fiducia per quanto atteneva ciò che lui intraprendeva o meno. La tensione cronica, inevitabile in tali circostanze, divenne man mano insopportabile e giunse al suo culmine nel momento in cui nell'orizzonte dell'uomo apparve una giovane donna, unica erede di un enorme patrimonio, la quale già in precedenza aveva fatto perdere la testa a più uomini e aveva distrutto il loro matrimonio. Essa praticava questo gioco particolare come una sorta di sport. Nel corso della consulenza risultò che non nutriva progetti differenti nei confronti del matrimonio del giovane magnate, tanto più che si sentiva ferita nella sua ambizione da uno sprezzante commento della moglie. Tutte le caratteristiche negative del tipo Capricorno (con l'Ascendente nel segno del Leone!) erano presenti in questa ragazza elevati alla massima potenza: egoismo, crudeltà, freddezza, sadismo, vendicatività. Dopo lunghe e logoranti discussioni a due o a tre il consulente riuscì ad ottenere la decisione di rinviare di un anno la soluzione definitiva. Se in quel periodo non fosse cambiato nulla, i coniugi avrebbero chiesto il divorzio. Questa soluzione significò una netta sconfitta per la vendicativa miliardaria. In conseguenza di ciò, rinunciò alla lotta e sposò pochi mesi dopo un altro uomo. Nei temi natali di ambedue i coniugi non c'era infatti alcuna indicazione di un inevitabile divorzio; il matrimonio era tuttavia caratterizzato da frizioni permanenti e le tensioni sarebbero sicuramente cessate solo dopo alcuni anni.

Là dove – come in molti paesi cattolici – non esiste la possibilità di divorzio, nell'ambito del generale rilassamento dei costumi il contrarre o meno un matrimonio come pure la conduzione della vita matrimoniale ha acquistato una grandissima importanza. Il cosmopsicologo forse incontra, nel corso di consulenze che si riferiscono a conflitti matrimoniali, il più impenetrabile groviglio e talvolta gli sembra che i nostri tempi abbiano portato circostanze di vita che nemmeno la fantasia più fervida avrebbe potuto immaginare. Infatti i "romanzi più incredibili" oggigiorno non si trovano più sulla carta stampata, ma nel grande libro della vita.

Alla luce dell'analisi cosmopsicologica diventa inequivocabile che i problemi confusi della vita matrimoniale risultano in fondo da tempo immemorabile ed in modo perennemente uguale dal rapporto reciproco dei due sessi. Ciò che oggi rende i rapporti "incomprensibili" e a volte perfino "soffocanti" si dimostra nella maggior parte dei casi come una sovrastruttura artificiale costruita da persone, per lo più donne, che ne sono coinvolte per voler sembrare a se stesse e agli occhi dell'ambiente più "originali", più "incomprese" e perciò anche più "commiserabili". Può trattarsi di una comprensibile autodifesa ed una ugualmente comprensibile auto giustificazione, soprattutto se entra in gioco un senso di colpa. Ma ben spesso è anche l'espressione di un irresistibile desiderio di attribuirsi il ruolo di protagonista di un dramma particolare, il che corrisponde ad una tendenza generale dei nostri tempi che tendono all'esibizionismo e al sensazionalismo. Tuttavia sembra nello stesso tempo che il numero sempre maggiore di "matrimoni infelici" (a questo riguardo non ci si può riferire tanto ai divorzi e nuovi matrimoni delle stelle del cinema, proclamati con grandissima pubblicità, ma al continuo aumento di domande di annullamento davanti ai tribunali ecclesiastici) trovi una ripercussione grave nell'attuale crisi morale e sociale. D'altra parte il cosmopsicologo consulente può affermare in buona coscienza, con riferimento all'esperienza quotidiana, che i "matrimoni infelici" oggi non sono più frequenti perché i nostri tempi comportano un enorme peso ed onere nei rapporti fra coniugi bensì piuttosto perché la maggior parte dei cosiddetti "matrimoni infelici" (cioè sentiti come tali da uno od ambedue i partner) non presenta in verità fondati motivi che possano minacciare seriamente la struttura familiare, ma solo contrasti ritenuti insuperabili i quali, tramite l'analisi cosmopsicologica vengono inequivocabilmente smascherati come tensioni infondate, create artificialmente, esagerati sentimenti di gelosia e sospetti oppure simili ossessioni.

Accade per es. non di rado di sentire una risposta sorprendente dalla bocca di una moglie "infelice" (talvolta anche da mariti "infelici"), alla domanda su quale siano secondo lei i motivi della discordia matrimoniale: «Non so bene. Ci sono tante cose. Tutto quanto.». Nel corso della consultazione emerge che i contrasti cronici, gli attriti o perfino gli atti di violenza non sono causati da motivi di rilievo. Le «molte cose» risultano essere quella strana sovrastruttura che non può avere altra origine se non in quella generale, e come tale infettiva, assenza di obiettivi e di quiete del nostro tempo che, a seguito di una evidente svalutazione dei valori morali e di più profondi contenuti della vita, mette molte persone in permanente stato di attesa di eventi ed esperienze che nemmeno la fantasia più audace può immaginare. Questo a sua volta provoca una diffusissima ma infondata atmosfera di delusione e di scontentezza. In questa atmosfera "molte cose" si deformano e si bloccano, futili disaccordi crescono sino a diventare tragedie, difficoltà passeggere si sviluppano in problemi insolubili che con l'andar del tempo si accumulano come ostacoli insuperabili sulla strada della vita comune e rendono "tutto quanto" insopportabile.

Può darsi che i "matrimoni ideali" costituiscano, oggi non diversamente dal passato, un'eccezione. L'esperienza astrologica crede di avere trovato una spiegazione nel fatto che i temi natali dei coniugi rivelano raramente una concordanza di quegli elementi che indicano un legame armonico e duraturo. Anche il cosmopsicologo più esperto che nel corso della sua pratica ha potuto esaminare migliaia di matrimoni, riesce a trovare nel suo archivio appena una dozzina di casi con "costellazioni classiche". Il matrimonio ideale presuppone, fra l'altro, che il Sole natale della donna si trovi nel segno zodiacale che ospita la Luna nell'oroscopo maschile, e che la posizione zodiacale della Luna nel tema di natività del marito corrisponda alla posizione del Sole nel tema natale femminile. Una sistematica consulenza matrimoniale sulla base di un'analisi cosmopsicologica potrebbe senza dubbio provocare una enorme riduzione di "matrimoni falliti" oppure almeno contribuire ad evitare quei matrimoni che già sin dall'inizio chiamano in causa infiniti motivi di conflitto. D'altra parte non ci si deve meravigliare se in tali casi i risultati dell'analisi cosmopsicologica fanno apparire, come soluzione più ragionevole, la separazione dei coniugi. In questi ultimi casi il consulente incontra però spesso grossissime difficoltà in cui si rispecchia tutta la confusione dei nostri tempi. Questo soprattutto se esiste una discendenza. Talvolta due compagni di vita un tempo felici preferiscono continuare la loro disordinata e logorata vita matrimoniale perché non riescono ad accordarsi su ciò che dovrà succedere ai figli dopo la separazione. Un tale tragico caso poté essere soddisfacentemente risolto dal cosmopsicologo solo dopo due anni, dopo avere in tale periodo consigliato i coniugi più volte al mese insieme o separatamente, cercando di convincerli che non c'era altra soluzione se non quella di affidare i figli ad un istituto. Credette di essere a ciò indotto dai risultati di una analisi dettagliata sulla base dei temi natali dei cinque membri della famiglia, a prescindere dal fatto che questa soluzione appariva consigliabile in considerazione delle circostanze collegate agli eventi bellici (1942). Gli si offrì il seguente quadro.

Esempio n. 9

Padre, nato l'8 dicembre 1905 alle ore 2.50:

1. Sole in Sagittario in I campo (posizione sociale esposta a gravi pericoli a causa di azioni irresponsabili).

2. Il VII campo in Cancro (matrimonio d'amore, però rapporto matrimoniale che man mano si svuota a causa di gelosie).

3. Nettuno in Cancro in campo VII (un rapporto extramatrimoniale tenuto nascosto).

4. Urano in Capricorno in I campo (astio nei confronti del mondo, spirito di contraddizione).

5. Marte in Acquario in campo II (perdite di denaro causate da rischiose speculazioni).

6. Venere opposta a Giove (infedeltà; rapporti amorosi collegati a perdite finanziarie).

Madre, nata il 3 luglio 1907 alle 3:20:
1. Ascendente in Gemelli, quindi in opposizione con il Sole nel tema natale del marito (incostanza nella volontà e nelle azioni; tendenza a concedere a tutti la propria fiducia con riguardo alle faccende più intime).
2. Sole in Cancro in campo I in opposizione alla congiunzione Marte/Urano (arroganza, lontananza dalla vita: tratti caratteriali che rendono difficile la convivenza con altre persone; tensioni nel matrimonio e con il mondo esterno; forti contrasti con il compagno di vita che portano alla separazione).
3. Luna in Ariete congiunta a Saturno in campo XI (amicizie arrischiate con persone indegne di basso ceto sociale, egoismo).
4. Nettuno in opposizione a Marte/Urano in campo VII in Capricorno (vita istintuale incontrollata, impostura soprattutto in collegamento a faccende matrimoniali).
5. Venere in Gemelli in XII campo congiunta a Plutone (legami con altre persone sono causa di autolesionismo permanente; amore non contraccambiato).

Primo figlio, nato il 28 febbraio 1926 alle ore 0:15:
1. Sole in Pesci in campo IV (speculazioni sbagliate del padre portano ad un abbassamento del livello sociale della famiglia).
2. Mercurio in Pesci in campo IV (prematura separazione dai genitori).
3. Urano in Pesci in campo IV (ribellione contro i principi ed idee dei genitori; situazione familiare poco serena).
4. Venere in Acquario in campo III (imprudenza e frivolezza nella famiglia di origine; pericolo di deviazioni in età giovanile; educazione inadatta che negli anni a venire può rivelarsi dannosa).

90

5. Sole opposto alla Luna (liti con genitori e parenti).

Secondo figlio, nato il 1 ottobre 1929 alle ore 12:50:
1. Sole in Bilancia in campo IX (disprezzo del prossimo, specialmente della madre).
2. Luna in Vergine in campo IX (scetticismo, grettezza, materialismo).
3. Urano in Ariete in campo III (separazioni e contrasti in famiglia).
4. Giove quadrato Luna (tendenza al gioco e speculazioni).
5. IV campo in Ariete (casa della famiglia d'origine come palcoscenico di una "guerra di famiglia").
6. Venere in Vergine in campo VIII (pesante fardello ereditario; pericolo di cadere vittima di dubbiosi piaceri o dell'uso di sostanze stupefacenti).

Figlia nata il 28 ottobre 1935 alle 13:40:
1. Sole in Scorpione in campo IX (essere che oscilla fra il bene ed il male; pericolo di soggiacere a bassi istinti).
2. Urano in Toro in campo III in opposizione al Sole in Scorpione (tensioni interiori ed esteriori; improvvise inevitabili separazioni da parenti stretti).
3. Luna in Toro in campo III (vittima dell'ambiente; inimicizia ed attriti con l'ambiente poco comprensivo).
4. Il campo IV in Gemelli (vita irregolare e disordinata nella casa della famiglia di origine; separazione dei genitori e dai genitori).

Il cosmopsicologo incontra sicuramente anche nel corso di una consulenza prematrimoniale non poche difficoltà nel tentativo di chiarire rapporti matrimoniali confusi e di trovare una soluzione ai problemi con questi collegati. Quando una persona (soprattutto di sesso femminile) consulta un cosmopsicologo prima di contrarre il matrimonio, allora desidera per lo più nel profondo del cuore di udire dalle sue labbra la conferma che la scelta fatta apre prospettive molto promettenti per il futuro matrimonio. Se questo non è il caso e lo psicologo consulente è costretto a metterla in guardia dalle conseguenze delle probabilissime ripercussioni contrarie, poi accade spesso che la persona in questione durante la consultazione presti orecchio a tutte le sue obiezioni e ne sembri convinta; però successivamente, tutte le riflessioni si fanno coprire dalla voce del sentimento. A questo proposito il seguente caso è molto indicativo.

Esempio n. 10

Una giovane donna da poco in possesso dell'enorme patrimonio paterno di cui può disporre liberamente, ha conosciuto un giovane che le fa credere di avere un grande talento (pianista) senza però disporre di mezzi sufficienti per la sua formazione. La neo miliardaria ventiduenne si compenetra sempre di più nel ruolo di un generoso mecenate e nello stesso tempo si innamora del giovanotto e si presenta dal cosmopsicologo per sentire la sua opinione sul progettato matrimonio. L'analisi fornisce un quadro davvero spaventevole. Nel tema natale del giovanotto mancano quasi del tutto indicazioni di un autentico talento artistico. Come pianista egli potrà tutt'al più essere qualificato nella categoria dei dilettanti medi. Per il resto appare come un uomo irresponsabile, spensierato, con tendenze a scialacquare, la cui miglior definizione sarebbe millantatore o avventuriero. E per finire, nel suo tema natale non si ravvisano elementi indicanti la possibilità di un legame durevole in concordanza con i corrispondenti motivi nel tema natale della giovane. In quest'ultimo, invece, si intravede chiaramente il pericolo di essere espropriati di valori patrimoniali.

La giovane donna sembra accettare con gratitudine gli avvertimenti ed i consigli ed assicura il cosmopsicologo consulente che li seguirà. Però non lo fa. Dopo due anni il matrimonio è in piena crisi. La maggior parte del patrimonio paterno è andato in fumo come conseguenza di varie imprese insensate. La signora va incontro a gravi problemi economici. Ma il cosmopsicologo non può più essere d'aiuto, visto che è già in corso il procedimento di divorzio.

In tali casi si può a buon diritto parlare di matrimonio infelice, però questo caso è alla fin fine piuttosto l'eccezione che la regola. I "matrimoni infelici" che sembrano soltanto tali sin dall'inizio si presentano alla ricerca cosmopsicologica comparata in condizioni ben diverse. Si può infatti presumere a buon diritto, nella misura in cui nel legame matrimoniale non entrano in gioco circostanze obbliganti, che l'attrazione reciproca corrisponda in misura più o meno grande all'esistenza di una base di comprensione e di concordanza profonda, che l'analisi di ambedue i temi natali porta per lo più alla luce, dopo essere rimasta in un modo o nell'altro sepolta.

Una volta confermato che è possibile delineare un dettagliato profilo psicologico sulla scorta del tema natale, ne risulta automaticamente il fatto che in questo complesso ambito trovano posto anche tutte le predisposizioni e capacità che determinano la scelta del tipo di formazione e di conseguenza devono essere ritenute decisive per la professione da intraprendere. A questo proposito danno informazioni soprattutto i segni zodiacali che coincidono con il I, II, III, IX e X campo o che ne formano la "cuspide".

Non di rado sicuramente accade che un uomo di giovane età intraprenda una professione per motivi di tradizione familiare, per esaudire un desiderio espresso dai genitori oppure in considerazione di qualche altra circostanza obbligante e dopo avere avuto un'adeguata preparazione (ma spesso anche senza averla avuta); tale professione non corrisponde però affatto alle sue capacità e perciò con l'andar del tempo diventa un pesante fardello fisico e psichico. Dipende poi dalla sua più o meno grande forza di resistenza e capacità di adattamento (e, a questo proposito, possono essere decisive le probabili responsabilità ed obblighi che pesano su di lui) se e quanto a lungo resista all'adempimento delle esigenze quotidiane della professione non congeniale, se ed in quanto la sua attività possa essere ancora fruttuosa e in che misura il suo rendimento soffra a causa della sua insoddisfazione. Spesso la forza dell'abitudine contribuisce a sostenere l'adattamento "esterno" in misura tale da consentire a una persona del genere di adempiere per molti anni più o meno bene ai suoi doveri. Le prospettive di promozione, della creazione di una vantaggiosa e durevole posizione e in generale di una ascesa sociale sembrano, in tali circostanze, piuttosto scarse; soprattutto si forma mano a mano un atteggiamento di passiva amarezza. Sotto il continuo influsso dell'abitudine, l'individuo in questione può alla fine arrendersi completamente ad una tale situazione, accettare rassegnato la grigia quotidianità della vita in piena consapevolezza di essere un fallito. Ma un carattere ed un temperamento diverso scopre già una crisi dopo l'esercizio iniziale della professione non liberamente scelta. Si nota poi la tendenza a cambiare quanto prima possibile la professione. Ci sono persone che velocemente o dopo un po' di tempo trovano da sole un settore d'attività più congeniale ma in altri numerosi casi la crisi degenera in una inguaribile confusione e l'individuo in questione rimane completamente sgomento. Il cosmopsicologo in questi casi – salvo poche eccezioni – è quasi sempre in grado di intervenire con successo per contribuire con consigli pieni di comprensione ad una soddisfacente soluzione del problema sociale e, con questo, al ristabilimento dell'equilibrio interiore.

94

In tali circostanze sarebbe in linea di principio da augurarsi che la consulenza cosmopsicologica ai giovani diventasse un procedimento altrettanto naturale come quello delle vaccinazioni dei bambini, soprattutto perché avrebbe il vantaggio, rispetto ad altre consulenze dello stesso tipo, di adattare l'intera educazione alle esigenze della futura posizione sociale ed eliminare così gli errori che conducono alla scelta di una professione non adatta. A prescindere dal fatto che, in tal modo, si potrebbe addurre una nuova prova in favore del valore sociale dell'astrologia nei nostri tempi, la consulenza cosmopsicologica in materia professionale fatta in tempo potrebbe acquistare una importanza del tutto particolare, risparmiando a molte persone esperienze che derivano appunto da un'educazione sbagliata. Infine, sulla base della ricerca cosmopsicologica con i bambini già in tenera età, si potrebbero stimolare le tendenze e disposizioni particolarmente promettenti per la futura realizzazione armonica della vita, che altrimenti forse non verrebbero per niente notate e ancor meno curate. Il seguente caso può servire per chiarire l'importanza pedagogica della consulenza cosmopsicologica.

Esempio n. 11

La moglie di un ingegnere si presenta dal cosmopsicologo e si lamenta del fatto che il figlio sedicenne da tempo «la porta alla disperazione». Spiega fra l'altro che il figlio non è affatto «ritardato», anzi in certe occasioni aveva dato prova di una intelligenza sopra la media. Tuttavia si trascina faticosamente da anni per le varie classi e già più volte ha dovuto recuperare carenze con lezioni private. Il giovanotto "incapace" frequentava la scuola professionale per prepararsi alla professione paterna. È nato il 24 settembre 1931 a Gerusalemme alle ore 20:20. Il suo tema natale contiene i seguenti dati:

1. Ascendente in Toro (tendenze artistiche).

2. Sole in Bilancia in campo V (talento artistico).

3. Mercurio in Vergine in campo V (capacità pedagogiche, forza d'attrazione in campo spirituale e seguaci).

4. Luna in Pesci in campo X (successi in una professione artistica).

5. Marte in Scorpione in campo VI (grandi forze lavorative).

6. Venere in Bilancia in campo V (senso plastico; amore per l'arte).

7. Saturno in Capricorno in campo IX (importanti risultati letterari o scientifici).

Con questi dati non poteva esserci dubbio che per il giovane non c'era niente di più insensato della prospettiva di dovere seguire le orme del padre, che aveva inventato... una macchina calcolatrice! La madre ammise di avere scoperto nel cassetto del figlio diversi quaderni con poesie ed altri scritti e di averli confiscati in modo che il figlio non perdesse tempo con «tali stupidaggini» invece di fare i compiti. Costò molti sforzi il convincere prima la madre e poi, con ancor maggiore fatica, il padre che il figlio doveva cambiare immediatamente scuola e frequentare il liceo classico. Il giovane, ormai ventottenne, si trova ora sulla buona strada per diventare docente di storia dell'arte presso una nota università.

Altrettanto significativo è il seguente esempio, che mostra caratteristiche contrarie al precedente caso dell'"ingegnere mancato".

Esempio n. 12

Un giovanotto viene costretto, a causa della morte prematura del padre, a fare un apprendistato nella falegnameria di un parente. Quasi tutti i giorni si verificano liti con il maestro che attribuisce la completa incapacità del giovane a svolgere i suoi compiti alla sua pigrizia. Una cliente del falegname racconta casualmente all'amico cosmopsicologo la triste storia dell'apprendista incapace; questi si prende cura della questione senza intuire minimamente che il caso gli avrebbe riservato una sorprendente scoperta. Durante la ricerca, risultò che il giovanotto era quasi ossessionato dall'idea di potere rendere straordinariamente nel campo dell'elettrotecnica. Utilizzava ogni ora libera per armeggiare attorno ad apparecchi radio, accumulatori ed altri apparecchi elettrici. Il suo tema natale (nato il 25 gennaio 1934) mostrò una sorprendente affinità col tema natale di Edison. Conteneva fra l'altro i seguenti elementi:

1. Stellium Sole - Mercurio - Venere - Marte - Saturno - Nodo Lunare nel segno dell'Acquario in campo IV (straordinario talento per le scoperte tecniche).

2. Giove congiunto all'Ascendente in Bilancia (difficile inizio di vita; più tardi, posizione sicura; sostegno da persone influenti).

3. Plutone al Medio Cielo in Cancro (insolita ascesa da un iniziale ambiente oscuro dopo avere superato grandi resistenze). Il giovane è riuscito a trovare una generosa mecenate in persona della cliente del falegname. Studia ingegneria all'università.

Non tutte le corrispondenze si trovano in manuali astrologici. Per certi casi fuori dal comune le interpretazioni dei manuali anche più ricchi di contenuti e scientificamente perfetti non sono sufficienti. Il seguente esempio tratta di un caso del genere.

Esempio n. 13

Il tema natale di un impiegato amministrativo contiene molteplici indicazioni circa un talento decisamente artistico. Alla domanda dell'astrologo consulente se avesse tendenze musicali risponde di sì. «Lei compone?» – «Sì». Il IX campo del tema natale che offre, come noto, punti di riferimento per "più elevate" aspirazioni, si trova in Pesci. Più comunemente lo si potrebbe interpretare come, fra l'altro, attitudine alla beneficenza, forme convenzionali di fede oppure lunghi viaggi oltremare. Il giovanotto nega completamente il primo motivo, ammette invece di frequentare la messa domenicale per consuetudine e di essere già stato in America. Il IX campo in Pesci non fornisce alcuna spiegazione per il talento artistico che è riscontrabile in altre parti del tema natale. In questo caso non sono applicabili le comuni interpretazioni. Il giovane non è né un "romantico versaiolo" né si abbandona ad infondate illusioni. Tali tendenze, del resto, si troverebbero poi in contrasto con il carattere ed il temperamento svelati in modo inequivocabile dal tema natale. Tuttavia il IX campo vale, dal punto di vista di future possibilità di sviluppo, come ambito di più elevate realizzazioni di vita ed è nello stesso tempo indicativo, in una visione retrospettiva, di "antenati spirituali", il che non deve però essere inteso nel senso di un massimo risultato creativo. Il motivo della massa ereditaria spirituale può anche essere condizionato dalla posizione sociale o tipo di professione degli antenati. Domande poste al giovane tendenti in questa direzione portarono ad un sorprendente risultato. «I suoi antenati vivevano lungo la costa?» – «Sì.» – «Le piacciono le vecchie canzoni dei marinai?» – «Sì.» – «Lei dovrebbe tentare di arrangiarle in maniera moderna.» – «Lo sto già facendo.»

Tali corrispondenze si possono solo difficilmente rilevare statisticamente perché alla fine riguardano soltanto, come già detto, casi più o meno rari. Presuppongono l'esplicita capacità di associazione di idee nell'astrologo consulente, che può essere acquistata solo con pluriennale esperienza; in tali circostanze la ricerca cosmopsicologica si muove inevitabilmente nell'anticamera della psicanalisi.

NOTE

1) Vedi bibliografia. (La bibliografia esposta dall'Autore nell'opera edita in lingua tedesca del 1960 è inadatta al lettore italiano, e quindi è stata omessa nella presente edizione. *N.d.T.*)

2) Max v. Laue, *Geschichte der Physik*. Universitäts-Verlag, Bonn, 1947.

3) Si vedano a questo proposito le opere dell'A.: *Astrologische Gesetze*, Metz-Verlag, Zurigo, 1950; *Die synthetische Horoskop-deutung*, stesso editore, 1950; *Menschenschicksal im Sternen-spiegel*, Artemis Verlag, 1960.

4) Vedi pag. 42

5) Insieme ai transiti molti astrologi considerano anche le cosiddette direzioni, che si basano su particolari calcoli; si tratta però di indicazioni che necessitano di più precisi esami in quanto spesso si rivelano non esatte.

INDICE